Elly Danica

NICHT!

ELLY DANICA

Nicht!

aus dem kanadischen Englisch von
Gerlinde Kowitzke

FRAUENOFFENSIVE

1. Auflage, 1989

Originaltitel: Don't: a woman's word
veröffentlicht bei gynergy books, Kanada

(Kellerstr. 39, 8000 München 80)
ISBN 3–88104–184–2
Fotosatz: Druckerei Mühlberger, Augsburg
Druck: Clausen & Bosse, Leck
Umschlaggestaltung: Monika Neuser, München

Für meine Oma in Holland und ihre Tochter, meine Mutter
Für meine Schwester Laurie (1959–1980)
Und für alle meine kleinen Schwestern

Vorwort

Dies Buch fällt aus dem Rahmen all dessen, was ich bisher gelesen habe. Es ist ein mutiges Buch, das seinesgleichen sucht, das Buch einer ungewöhnlichen Frau, eines Inzestopfers. Die Geschichte einer Frau, die sich Wort für Wort in ihrer Erinnerung vortastet, ihr Leben zurückblendet, mit jedem Satz, jedem Bild alles riskiert. Denn zwischen den Zeilen dieses Textes – zwischen Inhalt und Sprache – kommt eine Frau zum Vorschein, die entschlossen ist, das Unerträgliche, Unsägliche nicht länger zu verschweigen.

Als ich das Manuskript zum erstenmal las, überwältigten mich die unterschiedlichsten Gefühle – ich war außer mir, war deprimiert, schwankte zwischen Wut und Trauer. Immer wieder mußte ich es aus der Hand legen, denn ich las es mit einem Kloß im Hals, und das Herz wurde mir schwer. Das, was mit Worten offenbar kaum zu beschreiben ist, geht uns unter die Haut, es berührt uns zutief, weil wir uns identifizieren.

Nicht! ist ein Buch, das uns vor Augen führt, wie sehr sexuelle Gewalt jeder Art – Inzest, Vergewaltigung, Pornographie, Exibitionismus, verbale Belästigung – nicht nur ein ständiger Angriff auf unser Lebensgefühl, unsere Würde und unsere Kreativität ist, sondern auch, wie sehr Männer damit das Leben von Frauen zu unterjochen imstande sind, es okkupieren, wie sie ein Land „okkupieren". Sexuelle Gewalt endet nicht mit der Tat. Sie okkupiert unsere Gedanken und unsere Zeit. Sie isoliert uns, kerkert uns in Angst, Scham, Selbstverneinung. Sexuelle Gewalt schneidet uns ab von der Freude und von all jenen fröhlichen Bildern, von denen wir als Kinder glaubten, sie währten ein Leben lang.

Nicht! ist kein schlichter Erzähltext, denn mit ihrer Klarheit und Entschlossenheit erspart uns die Autorin kein Detail und führt uns bis an den Kern des Schmerzes und der Demütigung. Jedes Wort ist eine unbeschreibliche Erschütterung unserer Vorstellung von Gewalt und Terror gegen das Kind, das junge Mädchen und die junge Frau. All das im Namen des Vaters und seiner Macht, zu vernichten.

Dies Buch ist mehr als eine Nacherzählung, denn in allen Aussagen der Autorin werden ihr Widerstand, ihr Mut, ihr Intellekt und ihre Liebe zum Leben tatsächlich spürbar. Elly Danica ist ohne Zweifel viel mehr eine Kämpferin als ein Opfer. Es ist ihr gelungen, für sich den Faden und die Farbe ihres Lebens zu finden. Tag für Tag hat sie geduldig ihr Leben zusammengewebt, bis sie den Mut fand zu reden und eines Tages die Stärke, schreiben zu können:

Vom verschwiegenen Ort. Seele schwillt:
gefunden. Selbst: gefunden. Herz: gefunden. Leben:
gefunden. Weisheit: gefunden. Hoffnung, einst verloren:
gefunden. Kontinuität: nie verloren . . . Ich bin.

Danke, Elly Danica, daß du uns an Mut und Würde erinnerst, daran, daß das Wort „Hoffnung“ uns alle betrifft.

Nicole Brossard
Januar 1988

1

1.1 NICHT! Ich kenne nur dieses Wort. Es ist das einzige Wort, das ich je gelernt habe. Nicht! Nur mit diesem einen Wort kann ich nicht schreiben. Das Vokabular einer Frau: Nicht!

1.2 Red nicht! Denk nicht! Nicht! Was immer du auch tust, fühl nicht! Wenn du fühlst, wird der Schmerz wieder da sein. Nicht!

1.3 Aber der Schmerz ist ohnehin da. Er ist da, auch wenn ich nicht . . . Siehst du? Ich hab' dich ja gewarnt. Du kannst dir nicht leisten zu fühlen. Dann kommt der Schmerz aus deinem Bauch und greift dir an die Kehle. Erstickend. Seine Hände um meine Kehle. Es ist nur der Schmerz. Alter Freund. Ich dachte, er wär's. Wieder. Nur der Schmerz. Den Schmerz kann ich ertragen. Ich kann ihn ertränken, mit Worten oder Wein oder Rauch. Da läßt sich was tun. Wäre er es wieder, das wär' was anderes.

1.4 Fühlen. Erforschen. Schmerz wie ein Berg. Ich klettere. Immer mehr Schmerz. Der Berg hat kein Ende, täglich wächst er in mir, mein Bauch schwillt, um ihn zu halten. Nichts wird geboren aus diesem Schmerz. Nichts, was ich ins Licht halten würde. Monster. Monströs. Ich weiß, was du meinst. Auch ich lebe hier. Nur habe ich eben erst die rituellen Schnitte überlebt, dreifach in meinen weißen Bauch.

1.5 Auch den Tod kenne ich. Der Tod sieht aus wie der Mann, den meine Mutter geheiratet hat. Seine Hose unten. Kinder erinnern sich nicht. Ich war eine vierjährige Erwachsene. Ich erinnere mich. Ich war nie ein Kind. Ich erinnere mich nicht, je ein Kind gewesen zu sein. Ich erinnere mich an nichts Nützliches. Ich erinnere mich, daß ich mich nach Unschuld sehnte. Mich sehnte, nicht zu wissen. Vier. Neun. Elf. Zwölf. Dreizehn. Vierzehn. Fünfzehn. Mit fünfzehn begann die Zeit, da ich mich nach Erinnerung sehnte. Einer anderen Erinnerung. Hieran will ich mich nicht erinnern. Dies ist nie geschehen. Die Welt ist dunkel. Da ist keine Erinnerung. Nur seine Hände um meine Kehle. Erstickend. Erinnerung weg. Sprache weg. Kein Fühlen mehr. Kein Ich. Nichts mehr.

1.6 Sie spült ab. Sie ist gut im Abspülen. Wofür sonst brauchen wir sie? Warum sollte ich sie ernähren? Sie ist unnütz. Ich werde eine Spülmaschine kaufen, du stöpselst sie ein, sie geben keine Widerworte. Sie spricht nicht. Sprich, wenn ich's sage. Lächle, verdammt. Lächle, oder ich polier' dir die Fresse, damit die tut, was ich will.

1.7 Will. Er will immer. Ich will nicht. Wer hat dich gefragt? Er will. Er kriegt's. Er weiß wie. Hände. Schlagen. Würgen. Schreien? Wer schreit hier? Ich bin's nicht, die schreit. Ich weiß nicht mehr, wie man schreit. Nur im Innern. Mach mit, oder ich bring' dich um. Mach das, oder ich schlag dich. Ich schlage bereits. Im Innern. Er kann nicht reinsehen. Fast ein Sieg. Da ist etwas, an das er nicht rankommt. Innen. Ganz weit weg. Nur ein Lichtstreif. Innen. Fast ein Lächeln. Nicht! Er will. Er will immer.

1.8 Red nicht. Deine Mutter. Sie versteht nicht. Unser Geheimnis. Wenn du redest, schlag' ich dich, jedesmal mehr.

Merk's dir. Damit du dir merkst, den Mund zu halten. Damit du tust, was man dir sagt. Weil du häßlich bist. Weil du lernen sollst, daß du eine Frau bist. Ich weiß, wie ich dir weh tun kann, ohne daß du blaue Flecken kriegst. Ich bin ja nicht dumm. Frauen sind dumm. Dumme Kuh. Dumme Schlampe. Mach, was ich dir sage. Mach den Mund auf. Steck ihn rein. Wenn du noch einmal beißt, bring' ich dich um. Ganz einfach. Mach den Mund auf. Ich bin ja schon tot. Was macht's also? Wer hilft mir denn? Meine Mutter sieht mir nicht mal in die Augen. Meine Mutter geht weg. Meine Mutter weiß es. Sie weiß. Sie weiß es immer.

1.9 Kinder erinnern sich nicht. Egal. Was macht's? Wer glaubt schon einem Kind? Ich weiß, was ich tue. Blaue Flekken sind keine zu sehen. Niemand wird es je wissen. Ich bring' dich um, wenn du redest.

1.10 Ich weiß. Fünfundzwanzig Jahre seit dem letzten Geheimnis. Sechsunddreißig seit dem ersten Geheimnis. Ich weiß. Ich weiß nicht, wie ich's sagen kann. Angst ist der Geschmack meines Blutes im Mund. Wieder die Hände. Immer Hände. Immer tun sie weh. Kiefer. Nacken. Kehle. Arme. Bauch. Genitalien. Schenkel. Immer tun sie weh.

1.11 Seele. Mein winziger Lichtstreif. Wenn er nichts davon weiß, kann ich ihn bewahren. Mein Geheimnis. Meine Seele. Ein Selbst. Ein Stern. Millionen Lichtjahre entfernt. Ich suche. Ich rede nicht. Er denkt, ich erinnere mich nicht. Der Haß verblüfft ihn. Nach allem, was er für mich getan hat. Nach allem, was er mir gegeben hat. Ich hasse nur. Ich morde nicht. Ich habe meine Sternensuche. Ich glaube an die Seele. Er glaubt an die Hölle. Seine Erfindung. Er wird ernten, was er sät.

1.12 Gerechtigkeit. Wie kann ich daran glauben? Er ist frei. Ich trage Fesseln. Er tötete alles Schöne in mir. Er ist frei. Er hat Beistand. Meine Mutter. Ich kenne meine Mutter nicht. Ich kenne keinen Beistand. Ich kenne nur Schmerz. Nicht nur Hände. Nicht nur Penis. Der Schmerz ist wie ein Stein, der in meinem Bauch wächst. Der Berg. Ich schiebe ihn vor mir her. Er wird nie geboren werden. Monströs. Haß. Ich umgürte mich mit Haß. Entstellte Tage. Leben. Dies ist kein Leben. Dies ist die Hölle. Die Hölle der Hände, erstickend. Die Hölle des Penis, stoßend. Nein. Die Hölle der vierjährigen Erwachsenen. Die sich nicht erinnert. Die niemals vergißt. Haß.

1.13 Haß enthält ein Versprechen. Nie zu vergessen. Denk' nicht dran. Doch vergiß niemals. Haß. Fesseln des Hasses. So wirst du zumindest nicht vergessen zu hassen. Die Fesseln helfen dir, dich zu erinnern. An ihn gefesselt. Gefesselt, um sich früher oder später zu erinnern. Später. Ich bin vierzig. Heute wächst die Erinnerung wie ein Baum, den er gepflanzt hat. Ich hasse den Baum. Ich hasse alles. Als ich elf war, sagte er, er würde mich lehren, was es heißt, eine Frau zu sein. Wieder einmal. Er vergaß all die anderen Male. Vielleicht war ich damals ein Kind. Er muß sich ja nicht erinnern. Ich kann niemals vergessen.

1.14 Ich bin nicht dankbar. Ich bin nie dankbar. Wieder die Hände. Er wird mich lehren, dankbar zu sein. Trotzdem bin ich nicht dankbar. Dank ihm. Knie nieder und dank ihm, daß er eine Frau aus dir gemacht hat. Wie? Du lachst? Ich bring' dich um. Hände. Wo ist der Lichtstreif? Warum ist es so dunkel? Hände. Meine Kehle schmerzt. Ich kann das Ding nicht küssen. Du kannst mich nicht dazu zwingen. Er weiß seine Hände zu gebrauchen. Meine Kehle existiert nicht. Ich existiere nicht. Du kannst mich nicht dazu zwingen. Er hat es satt, mir weh zu tun. Verzieh dich, sagt er, diese Lektion erteil' ich dir noch einmal. Morgen.

1.15 Der nächste Tag. Immer ein nächster Tag. Warum krepiert er nicht an seiner Sünde? Nur ich werde an seiner Sünde krepieren. Etwas Häßliches. Verderbtes. Er sieht es in meinem Gesicht. Er lacht. Sieh in den Spiegel, dumme Gans. Furunkel. In meinem Gesicht. Warum sucht die Sünde der Väter nur die Töchter heim? Warum habe ich Furunkel? Warum nicht er? Er will mir die Furunkel aus dem Gesicht schneiden. Er wollte einmal Arzt werden. Sie ließen ihn nicht. Er haßt „sie". Er haßt mich. Er will mein Gesicht reparieren. Ich verstecke mich. Er hat mir einmal das Bein repariert. Mit dem Taschenmesser hineingestochen. Ein Loch in den Muskel gebohrt. Warum sollte er vorsichtig sein?

1.16 Kinder haben keinen Mumm. Kinder haben nichts im Hirn. Nur eine dumme Möse. Ich hab' gesagt, mach sie breit. Los! Warum? Weil ich es sage. Weil das alles ist, wozu du taugst. Tu, was man dir sagt. Lernst du denn nie, zu tun, was man dir sagt? Warum zwingst du mich, dir weh zu tun? Glaubst du etwa, es gefällt mir, dir weh zu tun? Lächle, hab' ich gesagt. Kapierst du, was ich meine? Verdammt, nie tust du, was ich will. Nie machst du irgendwas richtig. Kein Mumm. Nichts im Hirn. Dumm.

1.17 Er sagt, ich bin dumm? Was er will, ist dumm. Warum holst du dir nicht jemand anders für deine dummen Spiele? Ich mag dich. Vatis Mädchen. Willste Vatis Mädchen sein? Nein. Sieh mal an. Sag nicht nein. Sag gar nichts. Ich habe gefragt, willst du nicht Vatis Mädchen sein? Ich erwarte ein Ja. Sag ja. Sag, vielen Dank, Vati. Das ist es, was er will. Sag's nicht. Sag gar nichts. Mach nicht mit bei seiner Sünde. Wenn du nicht ja sagst, ist es nur eine läßliche Sünde. Du mußt ja sagen. Er will ein Ja. Er wird ein Ja kriegen. Er wird seine Hände gebrauchen, um ein Ja zu bekommen. Er wird dir die Haare ausreißen. Er wird ein Ja kriegen. Jetzt ist es deine Sünde. Jetzt ist es deine Schuld.

1.18 Erinnerung. Kontinuität. Jahr des Kaninchens. Vor der Erinnerung davonlaufen. Vor ihm kann ich nicht davonlaufen. Wohin denn? Niemand glaubt, daß er mich schlägt. Wie kann ich sie dann von all dem anderen überzeugen? Wohin sollte ich gehen? Er sagte, er würde mich finden und umbringen, selbst wenn ich noch so renne. Keine Hoffnung. Nur Haß. Haß als etwas Lebendiges, Wachsendes. Haß hält mich am Leben. Für morgen: den Tag, wenn jemand mir glaubt. Morgendämmer. Eines Tages. Alles, was ich lebe, ist Nacht. Wie kannst du nur des Nachts leben. Ganz einfach. Fünfundzwanzig Jahre der Dunkelheit. Nicht einfach. Haß als Weggefährte. Niemand glaubt mir mit achtzehn. Mit zwanzig. Dreiundzwanzig. Mit fünfundzwanzig erklärt man mich für abgefuckt. Zu nichts nütze. Wieder einmal. Ich schwöre, mit meinem Haß die Stadt zu verlassen. Ich schwöre, die Sonnenseite zu suchen. Ich gehe zu einem Seelenklempner. Zu noch einem Seelenklempner. Zu noch einem. Schließlich zu einer Frau. Mitgefühl. Jetzt hat der Haß mir die Lippen versiegelt, sie mir auf die Zähne geheftet. Ich kann nicht mehr sprechen. Siebenundzwanzig. Neunundzwanzig. Der Wille ist paralysiert. Abgefuckt, zu nichts nütze. Für alle. Sogar für mich. Zu nichts nütze.

1.19 Ich verliere die Hoffnung. Niemand glaubt mir. Dreißig. Jetzt oder nie. Ich lerne, mit dem Nie zu leben. Nie wieder. Ich erinnere mich nicht. Ich will mich nicht erinnern. Die Erinnerung verfolgt mich. Die Erinnerung verfolgt mich mit einem Kugelschreiber. Die Erinnerung fließt aus den Spitzen meiner Finger und setzt Zeichen aufs Papier. Ich muß dies ja nicht lesen. Dies ist zu nichts nütze. Was soll dies bedeuten? Nachsicht. Sünde. Kein Recht zu schreiben, was ich fühle. Bitter. Nachsicht. Bitter, aber bleib dabei. Laß es nicht weggleiten. Laß keine Tränen hochkommen. Nachsicht. Eine Sünde. Die Sünde der Frauen, nur ihrem Schmerz zu leben. Die Sünde der Frauen, nie das Universelle zu sehen. Im Weltlichen steckenzubleiben. Du wirst dich nie spirituell entwickeln. Steckenbleiben. Zeichen aufs Papier setzen. Ich höre nie mehr auf. Ich schreie vor Frustration. Ich lebe allein. Jetzt kann ich schreien. Und wieder. Und wieder. Ich erinnere mich nicht. Bring mich nicht dazu, mich zu erinnern. Das vergißt du nie. Haß hat einen Sinn. Haß dient der Erinnerung. Die Zeichen auf dem Papier wiegen fünfzig Pfund. Ich kann diese Last nicht mehr tragen.

1.20 Alptraum. Ich bin wach. Wie kann dies ein Traum sein? Ich wünschte, es wäre ein Traum. Wenn es ein Traum wäre, könnte ich vergessen. Bitte, sag, daß dies ein Traum ist. Sag, daß ich mich irre. Sag, daß ich mich nicht erinnern kann. Sag, daß es viel zu lange her ist. Sag, daß Kinder so etwas falsch verstehen. Sag, daß ich mich gar nicht erinnern muß.

1.21 Vierzig. Das Jahr des Hasen. Das Jahr des Lichts in der Dunkelheit. Wiedergeburt. Erinnerung als Talisman. Hoffnungsschimmer. Jemand glaubt mir. Ich kann das Geheimnis nicht mehr für mich behalten. Das Geheimnis bringt mich um. Hände um meine Kehle. Vierzig. Alpträume. Graue Himmel. Märzhasen. Durchdrehen. Ich brauche Wut. Ich weiß nur, wie ich die Wut gegen mich richte.

1.22 Tauche wieder ab. Folge dem Märzhasen. Die Göttin Inanna am Fleischerhaken in der Hölle. Totes Fleisch. Mach die Beine breit, Fleisch für den Hund. Totes Hundefleisch.

1.23 Da ist noch Haß. Da ist noch mehr. Immer mehr. Ich entdecke eine Scherbe, unter meine Haut verpflanzt. Ich frohlocke. Ich entferne sie behutsam. Ich bemühe mich, keine Narben zu hinterlassen. Ich benutze kein Taschenmesser.

Ich versuche, die Wunde zu heilen. Warum keine Linderung? Sind es zwei? Dann will ich die zweite entfernen. Dennoch keine Linderung. Sind es mehr? Noch mehr?

1.24 Die Frau aus Tonscherben. Stücke. Nicht sie selbst. Nie sie selbst. Wer ist sie? Nichts als Scherben. Für jedes entfernte Stück wächst auf der Stelle ein neues nach. Die Wunden schwären. Es gibt keine Heilung. Wieder die Angst. Die Stücke lassen sich nicht entfernen. Deine Seele läßt sich nicht rausschneiden? Welche Seele? Erinnerst du dich an die Sternensuche? Nein. Nur an die Scherben. Nur an den Schmerz.

1.25 Inanna hatte Schutz. Wenn ich zu lange weg bin, hol mich. Wer wird mich schützen? Wer wird die Wächter der Dunkelheit bestechen und mich in die Welt zurückbringen? Wer könnte all die Scherben finden? Wie kann das möglich sein? Wie kann das nicht möglich sein? Vertrauen auf die Kontinuität. Abtauchen. Hineingehen. Erinnerung.

2

2.1 *Das erste Tor.* Mondportal. Der Mond. Nachthimmel im Winter. Die Kälte innen. Fühlen. Kann da nicht hingehen. Geh da nicht hin. Das Gefühl von Frost unter den Fingernägeln. Ich kann den Mond nicht sehen. Ich muß den Mond sehen. Ich kratze die Eisschicht vom Fenster. Rasch. Das Entsetzen. Der Keller. Wenn ich nur den Mond sehen könnte. Alles wäre gut. Nichts wird je wieder gut sein. Ich brauche den Mond. Das Fenster ist klar, ein kleiner Durchschlupf für den Mond. Ich drücke meine Wange ans Eis. Mir ist so kalt. Da ist kein Mond. Ich bin verloren.

2.2 Ich sehne mich nach Rettung. Sehne mich nach Mitleid. Da ist keine Hilfe. Meine Großmutter ist einen Kontinent, einen Ozean entfernt. Ich versuche, es meiner Lehrerin in der Schule zu erzählen. Sie sagt: Du bist deinem Vater in allem untertan. Er ist dein Herr, wie Jesus dein Herr ist. Er würde nichts Unrechtes oder Falsches tun. Er hat in allem recht. Wenn du bestraft oder geschlagen wirst, ist es nur zu deinem Besten. Wenn er zu grob ist, so nur, weil er dich liebt. Bete zu Jesus und bitte um Trost.

2.3 Da ist kein Trost, also bitte ich um den Märtyrertod. Zumindest wenn ich tot wäre, würde es jemand erfahren. Wenn ich tot wäre, wäre es vorbei.

2.4 Als ich acht bin, benutzt er wieder seine Kamera. Eine andere Art der Beachtung. Anfangs bin ich erleichtert. Vielleicht bedeutet es, daß er mich nicht anfaßt. Er schreit mich noch mehr an. Sitz gerade. Dreh deinen Kopf. Befeuchte deine Lippen. Lächle. Verdammt, ich hab' gesagt, lächle.

2.5 Ich habe ein Foto der Verachtung aus dieser Zeit. Noch ehe ich wußte, daß ich ein Opfer war. Noch ehe ich begriff. Noch ehe ich wußte, was er tun würde.

2.6 Frühling. Der Winter ist vorbei. Ich habe den Mond wiedergesehen. Ich habe mit meiner Großmutter im Mond geredet. Ich habe die Jungfrau Maria um Hilfe angefleht. Ich weiß, was immer sie in der Schule über ihren Sohn sagen, daß er für die Bitten der Kinder taub ist.

2.7 Trotzdem verbringe ich mehr Zeit in der Kirche. Wenn ich daheim bleibe, ist da der Mann, der immer will, und lauert darauf, daß meine Mutter aus dem Haus geht. Ich hasse die Langeweile und das dumpfe Gemurmel in der Kirche. Aber zumindest kann ich mich in Ruhe meinen Gedanken überlassen. Niemand faßt mich an. Ich denke, alles ist meine Schuld. Ich bitte die Jungfrau Maria um die Kraft zu widerstehen. Die Kraft, mich zu widersetzen.

2.8 Frühling. Der Winter ist nicht vorbei. Ich bin neun Jahre alt. Er nimmt drei Kinder zum Serienwagenrennen mit. Dort trifft er seinen Bruder. Das Feld, auf dem er den Wagen parkt, ist schlammig. Der Wind ist heftig. Der Tag ist kalt. Der Himmel grau nach dem Sturm. Ich beobachte das Geschehen auf der Rennbahn aus der Ferne. Er läßt mich nicht von seiner Seite. Er hat etwas vor. Ich bin nicht hier, um die Rennen zu sehen. Er schickt meinen Bruder und die jüngere Schwester weg, dann diskutiert er mit seinem Bruder, wie sie es machen wollen. Sein Bruder sagt, er habe schon ein paar Kunden. Er winkt einen Farmer heran, der uns beobachtet hat. Die drei handeln einen Preis aus und was ich tun werde. Ich versuche, nicht hinzuhören. Ich weiß, es gibt keinen Ausweg. Ich glaube nicht, was ich da höre. Ich glaube, es ist ein Traum. Und ich wollte heute ausgehen. Dies ist Gottes Strafe dafür, daß ich nicht zu Hause geblieben bin, um meiner Mutter zu helfen.

2.9 Man sagt mir: Geh mit dem Farmer. Er riecht nach Staub und Scheune. Sein graugestreifter Overall ist derb und schmutzig. Er lächelt nicht, als er mir winkt, ihm zu folgen. Ich sehe mich nach meinem Vater und seinem Bruder um. Mein Vater bedeutet mir, mit dem Mann zu gehen. Ich weiß nicht, was das soll. Der Farmer öffnet die Hintertür eines Autos und stößt mich hinein. Ich protestiere. Er sagt, mein Vater hätte ihm gesagt, ich würde keinen Ärger machen. Mehr muß er gar nicht sagen. Ich habe Angst. Ich sehe durch die Windschutzscheibe, wie mein Vater uns beobachtet. Der Farmer sagt, ich soll die Wagentür verriegeln. Mir wird befohlen, mich auf ihn zu legen. Es gibt kein Entrinnen. Ich begreife es nicht.

2.10 Erinnerung. Erinnerung des Körpers. Mein Magen schmerzt. Ich kann das nicht aufschreiben. Ich habe Angst. Ich möchte kotzen. Ich kann den Staub auf dem Autositz riechen. Ich kann das Muster der Polsterung sehen. Ich weiß noch, daß ich meine Fingernägel in die Rillen der Polster bohre, während mir etwas angetan wird. Jetzt liege ich unter irgend jemand. Ich denke, ich übergebe mich gleich. Ich versuche, nicht zu denken. Ich kann nicht beten. Wie ist dies möglich? Was tut er da? Warum zieht er mir die Hose runter? Warum will er mich dort anfassen? Was interessiert ihn nur an meiner Brust? Warum liegt er auf mir? Wann hört er bloß auf mit dem Rütteln. Was tut er da? Warum kann er das nicht ohne mich tun? Ich versteinere.

2.11 Der Farmer verschwindet. Ich rühre mich nicht. Ein Fehler. Ein anderer steigt auf den Rücksitz des Autos. Ich weiß nicht, wie lange es dauert. Ich weiß nicht, wie viele Männer es sind. Ich weiß überhaupt nichts, ich weiß nur, wie das Muster des Polsters aussieht, und das weiß ich genau. Vom Rennen sehe ich nichts. Ich verbringe den ganzen Nachmittag im Auto. Als ich aussteigen darf, wartet da nur noch ein Mann. Er ist Chinese. Er ist der einzige, zu dem Vati nein sagt. Vati sagt, es könne ja abfärben. Vielleicht macht der Chinese mich gelb.

2.12 Ich werde trotzdem gelb. Merkwürdig, sagen sie. Wie könnte sie sich denn Hepatitis geholt haben? Es gibt nichts in meiner Kindheit, das mich froher macht. Vati haßt gelbe Leute. Vati wird mich jetzt in Ruhe lassen. Fast sechs Wochen lang bin ich froh. Ich träume von einer Zukunft. Träume von einer Zeit, da ich fortgehen kann. Ich lerne das Radio lieben. Ich lese Bücher und Bücher und noch mehr Bücher. Ich lese Märchen. Ich lerne zu hoffen, daß mich eines Tages irgendwer retten wird.

2.13 Im Frühling, als ich neun Jahre alt bin, lerne ich, daß ich ein Ding bin. Ich lerne, daß Mädchen nicht handeln können. Vielleicht rettet mich irgendwer. Wenn ich Glück habe. Ich weiß, daß ich mich selbst nicht retten kann. Aber es ist vorbei, denke ich. Jetzt ist es vorbei. Es ist nicht so schrecklich, wie du denkst. Die Nonne hat dir gesagt, daß er recht hatte in allem, was er tat. Es kann ja nicht schrecklich sein. Es hat sich nur schrecklich angefühlt, weil du's nicht verstehst. Für Vati müssen alle Menschen solche Dinge tun, die sie nicht mögen. Aber warum meine Schwester nicht? Warum hat er nicht erlaubt, daß sie meine Schwester anfassen? Warum mußte sie nicht mit den Männern ins Auto steigen? Denk nicht mehr dran. Denk nicht. Bleib gelb, so lange du kannst.

2.14 Ich beschließe, daß ich lernen will zu verstehen. Ich beginne, über andere Kinder zu lesen. Doch das ist dumm. Sie leben ein Leben voller fröhlicher Tage, Kinderspiele. Ich glaube nicht, daß echte Kinder so leben. Vielleicht waren das kanadische Kinder, wenn ich eine echte Kanadierin bin, kann ich vielleicht auch so leben. Aber ich bin kein kanadisches Kind. Ich weiß, daß kanadische Kinder nie mit einem Vater wie meinem leben müßten. Mein Vater ist so, wie er ist, weil er aus einem blöden fremden Land kommt. Ich beginne, fremde Länder unter die Lupe zu nehmen. Ich stoße auf das alte Ägypten. In Ägypten behandeln sie Diebe folgendermaßen: Sie kreuzigen sie kopfüber und prügeln sie, bis sie tot sind. Ich bin getröstet. Denn wenn sie so mit Sklaven umgehen, die stehlen, was wird dann erst die Strafe für meinen Vater sein? Was werden sie mit einem Vater tun, der so schreckliche Dinge macht wie mein Vater? Doch nirgendwo lese ich, daß Väter bestraft werden für das, was sie Töchtern antun. Nirgendwo. Ich bemühe mich, schwierigere Bücher zu lesen. Nichts deutet auf ein Leben wie meines hin. Auch nicht im entferntesten. Da gibt's Heilige, da gibt's Alcotts Kleine Frauen, und da gibt's heilige Märtyrerinnen. Sonst gibt's da nichts. Ich irre mich.

2.15 Ich habe eine schlechte Phantasie. Gott wird mich strafen für meine schlechten Gedanken. Ich beichte schlechte Gedanken. Vergib mir, Vater, denn ich habe gesündigt. Was für schlechte Gedanken? fragt der Priester. Über meinen Vater, sage ich. Ich mag es nicht, wenn er das tut. Was? Ich weiß nicht. Das. Bete zehn Ave Maria und fünf Vaterunser und denk darüber nach, was du deinem Vater schuldest und deinem himmlischen Vater. Was ist mit dem, was sie mir schulden? Sei nicht töricht, Kind. Sie schulden dir nichts. Sag deine Bußgebete, bevor du die Kirche verläßt. Die kleine Tür schließt sich, und ich höre Geflüster. Ich rühre mich nicht von der Stelle. Ich warte, bis er mit dem anderen Beichtkind fertig ist. Vergib mir, Vater, denn ich habe gesündigt. Schon wieder. Da ist noch etwas. Ich glaube, ich hasse meinen Vater. Keine Absolution. Du mußt ihn bitten, dir zu vergeben und noch zwanzig Ave Maria beten und dich mehr anstrengen, deine Gedanken rein zu halten. Entsagst du deinem Haß? Ja, sage ich. Nein, denke ich. Gott wird wissen, wenn du nicht die Wahrheit sagst. Vielleicht wird mich die Jungfrau Maria verstehen und für mich um Vergebung bitten.

2.16 Es gibt keinen Menschen mehr, mit dem ich reden kann. Meine Tante sagt das gleiche wie der Priester. Er liebt dich. Er ist vielleicht grob, doch ich weiß, daß er dich liebt. Aber was bedeutet das, Tante, wenn dich ein Mann zwischen den Beinen anfaßt? Das bedeutet, daß du ein schlechtes und verdorbenes Kind bist und daß ich dich nie mehr in meinem Haus sehen will. Aber, Tante, es tut weh. Was bedeutet das? Komm ja nicht wieder hierher. Böses Kind. Verdorbenes Kind. Häßliches Kind. Deine Gedanken sind durch und durch schlecht, das bedeutet es. Ich will nicht, daß du mit meinen Kindern zusammen bist. Komm ja nicht wieder hierher. Aber, Tante, ich weiß nicht, was das bedeutet. Du hast mich verstanden, hör jetzt auf mit deinem Mist.

2.17 Ich denke, in Büchern muß mehr stehen, als ich weiß. Ich bekomme die Erlaubnis, in der Stadt in die Leihbücherei zu gehen. Da gibt es oben interessante Bücher, doch ich werde nach unten geschickt. Hier, Kleine, hier sind die Bücher für Kinder. Aber die will ich nicht. Ich habe die meisten schon gelesen. Du kannst dir die Bücher von oben erst ausleihen, wenn du erwachsen bist, diese Bücher sind nur für Erwachsene. Wie alt bist du, Kleine? Neun? Dann wird es aber noch viele Jahre dauern, bis du mit den Büchern für Erwachsene etwas anfangen kannst, Kleine. Wenn es irgendwas gibt, das du wirklich brauchst, bitte deine Mutter, es für dich auszuleihen.

2.18 Ja. Mutti? Kannst du mir ein Buch besorgen, das mir erklärt, warum stinkende fette Männer mich zwischen den Beinen anfassen? Mutti? Gibt es etwas, das mir das erklärt? Mutti? Kannst du mir ein Buch heraussuchen, das erklärt, warum Vati Geld von Männern bekommt, die mich klebrig machen und versuchen, mich auf den Mund zu küssen? Mutti? Kannst du mir etwas heraussuchen, das mir erklärt, warum Männer meine Schlüpfer mögen? Warum ich mein Kleid hochziehen muß? Mutti? Mutti? Mutter?

2.19 Alptraum. Ich werde von einem Loch im Eßzimmerfußboden verschluckt. Zuerst faßt mich jemand an, dann werde ich verschluckt. Ich lande in einem Sumpf. Alles, was ich berühre, klebt. Dunkelheit. Kein Flecken, auf den ich meine Füße stellen kann. Ich sinke in den Morast. Rings um mich hängt schwarzer Schleim von den Bäumen herab. Der Sumpf saugt mich tiefer und tiefer. Ich höre ein Heulen. Ich wache auf und höre mich heulen. Ich weiß jetzt, daß ich nicht mal nachts in Sicherheit bin. In meinen Träumen existieren dieselben Monster wie in meinen Tagen. Von nun an schlafe ich mit meinem Gebetbuch unter dem Kopfkissen, um die sündhaften Träume abzuwehren. Es sind sündhafte Träume, weil ich hasse. Gott weiß, daß ich hasse. Gott straft, sogar in deinen Träumen. Ich fange an, mich sündig zu fühlen, des Teufels Magd. Entsetzen umgibt mich.

2.20 Ich bin froh, als Vati mich spätabends aufbleiben läßt, damit ich ihm helfe. Ich muß weiter nichts tun als stillsitzen, während er mich in meinem Nachthemd fotografiert.

3

3.1 *Zweites Tor.* Körper. Erinnerung des Körpers. Blondes Kind. Blaue Augen. Seidige Haut. Hübsches Kind. Vertrauen vor der Angst. Sie weiß, daß er sie nicht mag, aber er ist ihr Vati. Als sie vier war, hat sie es abgelehnt, sich von ihm einen Teddybär kaufen zu lassen, den er ihr versprochen hatte, sagt ihre Mutter. Aber Mutti, ich erinnere mich, was ich für den Teddy tun mußte.

3.2 Ich will mich nicht erinnern. Warum kann er mir nicht einfach was schenken? Warum muß ich immer für ihn Dinge tun, die ich nicht mag? Was stimmt bei ihm nicht? Er ist dein Vater. Nichts stimmt bei ihm nicht.

3.3 In jenem anderen Leben, in Holland, nimmt er sie mit in ein Spielwarengeschäft. Nach dem ersten Mal. Er bietet an, ihr alles im Laden zu kaufen. Doch sie ist klug. Sie lehnt ab. All die hübschen Dinge, die sie sich vor einer Woche noch so sehnlich wünschte, lehnt sie jetzt ab. Er besteht darauf. Bären und schöne Puppen werden vom Regal geholt und ihr gezeigt. Willst du diese? Nein. Wie wär's mit dieser? Nein. Hier ist eine besonders Schöne, wie wär's damit? Nein. Gibt es denn nicht irgendwas, das du möchtest? Nein. Er wird wütend. Du verläßt diesen Laden nicht eher, bis du dir etwas ausgesucht hast. Nein. Als sie aus dem Laden geht, sieht sie einen Beutel mit Murmeln auf dem Tresen. Dafür entscheidet sie sich. Sie weiß, daß sie jede einzelne von ihnen verlieren kann, und sie wird sich nicht erinnern müssen, was er ihr angetan hat.

3.4 Dicke Baumwollkleider und Schlüpfer. Das Gefühl, wie das Kleid über meinen Kopf gestreift wird. Die Kälte des Zimmers. Das Gefühl, auf dem Boden im Schlafzimmer zu liegen. Mit Vati Doktor zu spielen. Sag's Mutti nicht. Ein besonderes Spiel. Ein Geheimnis nur für dich und Vati. Vati sagt, wir können nicht auf dem Bett spielen. Mutti würde es merken. Ist es nicht toll, ein Geheimnis vor Mutti zu haben?

3.5 Mir ist kalt, Vati. Komm, laß Vati dich reiben, damit dir warm wird. Aber Vati, mein Rücken ist kalt, nicht mein Bauch. Faß meinen Bauch nicht an, ich mag das nicht. Natürlich magst du das. Wenn Vati deine kleinen Knöpfchen küßt, werden sie groß, und dann bist du ein großes Mädchen, nur für Vati. Ja, Vati. Aber ich mag das nicht, Vati. Weil du ein dummes Mädchen bist. Zieh deinen Schlüpfer aus. Ich will dich noch mehr wärmen. Aber Vati, es ist doch mein Rücken, der so kalt ist. Wenn ich zwischen deinen Beinen reibe, wird dein Rücken gleich warm. Ich will nicht, Vati. Willst du, daß dein Vati böse wird? Nein, Vati. Dann tu, was ich dir sage. Zieh deinen Schlüpfer aus, damit ich dich wärmen kann. Aber ... Willst du eine Ohrfeige? Nein, Vati. Dann zieh ihn aus.

3.6 Mir wird noch kälter. Auf meinem Rücken. Vati untersucht, sagt er. Ich weiß nicht, was er will. Er versucht, seinen Finger in mich reinzustecken. Ich setze mich sofort auf. Entsetzt. Voller Schmerzen. Ich wußte nicht, daß da irgendwas war, das so weh tun konnte. Ich weine. Er langt nach einem Taschentuch und sagt, ich soll mir das Gesicht abwischen. Er drückt mich wieder auf den Rücken. Ich presse die Schenkel zusammen, so fest ich kann. Mach die Beine breit. Ich will nachsehen, wo ich dir weh getan habe. Hör auf zu heulen, sagt er. Ich bin noch nicht fertig, sagt er. Ich will ein Foto machen, sagt er. Ich mag das nicht. Ich mag das überhaupt nicht, Vati. Vati, bitte hör auf. Vati, du tust mir weh. Du hast gesagt, es würde mir gefallen, und das tut es nicht, Vati. Es gefällt mir wirklich, wirklich nicht, Vati. Ich will dieses Spiel nie wieder spielen. Hör auf, Vati. Hör auf, mir weh zu tun. Bitte. Bitte. Ich will ja alles tun, was du willst, aber hör auf, mir da weh zu tun. Ich will zu meiner Mutti. Mutti!

3.7 Er verhaut mich. Er verhaut mich wieder. Ich schluchze lauter. Mutti ruft unten an der Treppe. Sie kommt nicht die Treppe rauf. Ich sehne mich so nach ihr. Bitte, Mutti, komm rauf und mach, daß er aufhört. Was ist los? ruft sie. Nichts. Es ist alles in Ordnung mit ihr. Verrat bloß nicht unser Geheimnis. Nein, Vati. Vati kauft dir auch alles, was du willst. Ja, Vati. Zieh dein Kleid an und deinen Schlüpfer. Ja, Vati. Vati? Was? Es tut noch immer so weh. Sei nicht albern. Das bildest du dir nur ein. Du weißt ja nicht, was du redest. Geh jetzt runter zu deiner Mutter. Sag ihr, ich komme später. Ich will ein Nickerchen machen. Denk dran. Es ist unser Geheimnis.

3.8 Meine Welt ist plötzlich verändert. Was ist anders geworden? Warum fühle ich mich so komisch? Warum tut es mir zwischen den Beinen so weh? Warum wollte Vati das nur tun? Mutti? Vati hat gesagt, ich soll dir sagen, daß er ein Nickerchen macht. Mutti? Kann ich baden? Warum? Heute ist kein Badetag. Mutti, ich brauche wirklich ein Bad. Warum? Darum, Mutti. Ich möchte baden, Mutti. Bitte. Bitte, kann ich baden? Bitte, Mutti. Nein. Geh spielen, während ich das Abendbrot mache. Mutti? Warum kann ich nicht baden? Vielleicht später. Ich muß jetzt das Abendbrot machen. Geh ein Weilchen spielen.

3.9 Nie habe ich mir so sehnlich ein Bad gewünscht. Ich denke, wenn ich bade, würde ich mich wohler fühlen. Ich fühle mich schmutzig. Ich sehne mich nach warmem Wasser, das die Erinnerung fortspült. Ich wünsche mir so sehnlich ein Bad. Mutti hat gesagt, in ein paar Tagen ist Badetag. Ich kann nicht warten. Der Eimer mit dem Wischwasser steht neben der Tür. Mir kommt ein Gedanke. Ich steige in den Eimer und setze mich hin. Das Wasser ist braun und schmutzig, aber, ach, tut das gut. Mutti ist böse. Nun muß sie mich doch wohl baden. Und was ist mit dem Abendbrot?

3.10 Mit dem Abendbrot wird's spät. Mutti sagt, sie begreift nicht, weshalb ich so etwas täte. Wäre ich wirklich ein braves Mädchen, warum sollte ich mich dann ins Wischwasser setzen. Jetzt weine ich. Ich kann gar nicht mehr aufhören zu weinen. Ich brauchte ein Bad, Mutti. Du hast mir ja nicht zugehört, als ich gesagt habe, ich brauchte unbedingt ein Bad. Aber warum? Ich hab' versprochen, es dir nicht zu verraten, Mutti. Vati hat gesagt, du verstehst es ja doch nicht. Sie trocknet mir den Rücken ab. Sie dreht mich um, damit ich sie ansehe. Was würde sie nicht verstehen? Er hat mich angefaßt, und das mochte ich gar nicht. Bitte, sag ihm nicht, daß ich's dir verraten hab', Mutti. Wo hat er dich angefaßt? Hier. Und hier. Zwischen meinen Beinen. Er hat mir weh getan. Sag ihm nicht, daß ich's dir verraten hab'. Ich will nicht, daß er mich je wieder anfaßt.

3.11 In ihren Augen ist Angst. Er hatte recht. Sie versteht's nicht. Sie gibt mir Brot und Marmelade. Du bist zu durcheinander, um Abendbrot zu essen, sagt sie und bringt mich ins Bett. Morgen ist alles wieder gut, sagt sie. Warum hat sich die Welt so sehr verändert? Warum bin ich so unglücklich? Warum habe ich das Gefühl, daß nichts wieder so sein kann wie vorher? Jetzt werden Vati und Mutti ewig auf mich böse sein. Es ist meine Schuld. Ich hätt's nicht verraten sollen. Sicher wird er mich dafür bestrafen. Ich weine mich in den Schlaf.

3.12 Am Morgen ist Mutti ganz verändert. Sie sagt, daß ich für eine Woche zu ihren Eltern soll. Sie und Vati müßten miteinander reden. Über mich? Ja. Darüber, wie böse ich bin. Ja. Er sagt, daß er dich nicht angefaßt hat. Er sagt, daß du lügst. Du hast mich bisher noch nie angelogen. Ich weiß nicht, wem ich glauben soll. Wenn du zurückkommst, hat er das alles sicher vergessen. Benimm dich gut bei Oma. Stell nicht so viele Fragen. Ich verspreche, daß ich brav bin, Mutti. Er hat das getan, was ich dir erzählt habe. Es tut mir noch immer weh, Mutti! Tut es mir jetzt immer da weh, Mutti?

3.13 Omas Haus in Amsterdam. Dunkles Holz. Omas Sessel. Ihr Strickzeug. Opas Pfeifen. Der Geruch von Möbeln und Bohnerwachs. Der Geruch von Omas Kölnisch Wasser, ihren Kleidern. Ein schönes stilvolles Eßzimmer. Rote Läufer auf dem Boden und auch auf dem Tisch. Blumen. Ein Haus voller alter wunderschöner Dinge. Sogar das Licht dort ist golden.

3.14 Eine sehr saubere kleine Küche. Ich sitze auf einem Hocker neben ihr. Sie putzt Gemüse fürs Essen. Wir sind gerade vom Spaziergang zum Gemüseladen zurückgekehrt. Sie hat mir einen Becher Kakao gemacht und eine dicke Scheibe Brot mit Butter und Sirup. Sie sagt, daß ich immer die Wahrheit sagen muß. Nichts ist schlimmer als lügen. Ich weiß, Oma. Ich sag' die Wahrheit. Ich hab' meine Mutti nie angelogen. Ich würde dich nie anlügen. Aber, Oma, warum glauben die Leute mir nicht, wenn ich die Wahrheit sage? Das irritiert sie für einen Moment. Manchmal, Schatz, mögen die Leute die Wahrheit nicht. Glaubt Vati deshalb, daß ich lüge? Hast du deine Mutti belogen, was deinen Vati betrifft? Nein, Oma.

3.15 Ich will Vati nie wiedersehen. Kann ich bei dir bleiben, Oma? Nein, ich glaube nicht. Das würde Opa nicht gefallen. Kleine Kinder machen ihm zu viel Lärm. Würdest du nicht deine Mutti vermissen und deinen Bruder und die Schwestern? Nur ein bißchen. Mutti würde mich doch hier besuchen, nicht?

3.16 Ich will, daß du mir die Wahrheit sagst. Tu so, als ob du in der Kirche bist. Du weißt, wie schrecklich es ist, wenn du Jesus belügst. Sag mir die Wahrheit, wie du Jesus die Wahrheit sagen würdest. Ja, Oma. Was hat Vati getan? Ich will nicht mehr daran denken, Oma. Ich will, daß du dich erinnerst. Erinnere dich. Es ist sehr wichtig. Was hat er getan? Muß ich es sagen? Ja.

3.17 Ich seufze. Mein Magen verkrampft sich. Ich fühl' mich nicht gut, Oma. Sag's mir. Die Wahrheit. Vati wollte mit mir Doktor spielen, als Mutti den Fußboden gewischt hat. Er hat die Schlafzimmertür von innen zugeschlossen. Das hat er vorher noch nie getan. Er hat den Schlüssel in seine Hosentasche gesteckt. Ich mußte mein Kleid ausziehen, aber da wurde mir kalt. Er ließ mich nicht mein Kleid wieder anziehen. Er wollte mich reiben. Ich wollte nicht, daß er mich reibt. Das war ganz blöd. Ich hab' ihm gesagt, daß mein Rücken kalt ist, und er wollte meinen Bauch reiben. Er wollte überhaupt nicht zuhören. Ich hab' so gefroren, und er wollte mir keine Decke geben oder so was. Ich mußte meinen Schlüpfer ausziehen. Aber das wollte ich nicht. Er hat gesagt, er verhaut mich, wenn ich nicht tue, was er sagt. Ich will nicht, daß er mich verhaut. Ich zieh' meinen Schlüpfer aus. Er hat gesagt, wenn er mich zwischen den Beinen reibt, dann wird mir ganz warm. Das hab' ich nicht geglaubt, aber ich hab' so gefroren. Ich mußte mich auf den Fußboden legen, neben dem Bett. Er hat mir mit seinen Fingern zwischen den Beinen rumgestochen. Er hat mir weh getan. Ich hab' geweint, aber er wollte nicht aufhören. Und hat mir da noch mehr weh getan. Er hat mich geschlagen, damit ich aufhör' zu weinen. Ich konnte aber nicht aufhören, da hat er mich noch mehr geschlagen.

3.18 Das ist alles, Oma. Wo war deine Mutter? Sie war unten. Ich hab' gehofft, sie kommt rauf und macht, daß er aufhört. Ich weine ganz laut, damit sie mich hört. Aber sie ist nicht raufgekommen, um zu sehen, was los ist. Unten an der Treppe hat sie gerufen und gefragt, ob mit mir alles in Ordnung ist. Ja, hat er gesagt. Er wollte nicht aufhören. Dann hat er ein Nickerchen gemacht. Ich bin runtergegangen und hab' Mutti gefragt, ob ich baden darf. Als sie nein gesagt hat, bin ich zufällig mit Absicht in den Eimer mit dem Wischwasser gefallen.

3.19 Von der Kamera hab' ich ihr nichts erzählt. Das hab' ich ja selbst nicht geglaubt. Das war zu merkwürdig, als daß es irgend jemand geglaubt hätte. Nun weiß ich also, daß ich Oma doch belogen habe. Ich hab' ihr etwas verheimlicht. Ich grüble, ob das etwas ausgemacht hätte. Sie hat mir geglaubt. Ich hab's ihr angesehen. Sie war ganz außer sich. Sie hat gesagt, sie würde dafür sorgen, daß so was nie wieder passiert. Ich sollte nur getrost heimfahren. Er würde so etwas nie wieder mit mir tun. Und weil wir ja noch fünf Tage hätten, würden wir uns amüsieren und alles vergessen, was passiert ist.

3.20 Oma macht mit mir lange Spaziergänge im Park. Wir gehen zu einem Treibhaus und sehen uns die Blumen an. Sie liebt Blumen und hat ständig welche im Haus. Einige Tage später, als sie merkt, daß ich immer noch durcheinander bin, fährt sie mit mir an den Strand. Ich will noch immer nicht nach Hause.

3.21 Sie packt uns eine Thermosflasche mit Tee ein und Brote und Kekse. Während ich spiele, sitzt Oma in einem großen Strandkorb, von dort kann sie mir zusehen oder stricken. Es ist zu kalt, um im Wasser zu spielen, trotzdem ziehe ich meine Schuhe und Strümpfe aus und spiele Fangen mit den Wellen.

3.22 Sogar der Strand hat sich verändert. Ich fühle mich alt. Vier Jahre alt. Ich weiß, daß ich nicht älter aussehe. Ich habe nicht mehr so viel Spaß am Strand wie früher. Mir ist nicht mehr nach spielen. Die Welt sieht nicht mehr aus wie sonst. Ich weiß nicht, wen ich danach fragen soll. Ich verstehe nicht, warum. Ich schiebe es auf das, was zwischen meinen Beinen ist. Ich bin nicht neugierig. Ich seh' da nie hin. Ich beschließe, daß ich es jetzt, da ich weiß, wie weh es tun kann, vollkommen ignorieren will. Dann beschließe ich zum erstenmal, daß ich ein Junge sein will. Wie mir scheint, haben die Jungen am Strand viel mehr Spaß als ich.

3.23 Ich sage meiner Oma, daß ich ein Junge sein will. Das bestürzt sie. Ich will kein Mädchen sein. Ich will kein Mädchen mehr sein. Sie fragt, ob es wegen der Sache mit Vati ist. Ja, sage ich. Es tut viel zu weh, ein Mädchen zu sein. Ich will das nicht mehr. Sie starrt an meinem Gesicht vorbei. Ich blicke in dieselbe Richtung und sehe nur Sand und Meer. Sie spricht eine ganze Weile nicht mehr mit mir. So lange, daß ich Angst bekomme. Was ist los, Oma? Sie drückt mich fest an sich. Sie sagt noch immer nichts. Sie umarmt mich lange. Und dann verspricht Oma mir, daß das, was mit Vati passiert ist, nie wieder passieren wird. Ich kann getrost heimfahren und brauche nichts zu befürchten.

3.24 Zu Hause bin ich das Kind, das abseits steht. Die Beobachterin. Ich suche in Gesichtern nach Antworten auf

Fragen, die ich nicht zu stellen wage. Wochenlang lausche ich an Türen, um Unterhaltungen im Flüsterton zu erhaschen. Ich weiß, daß etwas im Schwange ist, doch wenn ich es meiner Schwester zu sagen versuche, glaubt sie mir nicht. Wir gehen fort, ganz weit fort, an einen Ort namens Kanada. Ich weiß, daß sich das Leben verändern wird, ich spüre es in der Luft, in der Art der Spannung im Haus. Ich weiß, daß es sich nicht zum Guten verändern wird, ich begreife nicht, wieso ich das weiß, aber ich weiß es. Und ich will nicht fort.

4

4.1 *Drittes Tor.* Die Stunkmacherin. Die vierjährige Stunkmacherin. Die Lügnerin. Alles in meiner Welt hat sich verändert. Ich hatte recht. Meine Mutter. Was war nur mit meiner Mutter los? Was hatte er mit ihr gemacht, während ich fort war? Hatte er auch ihr weh getan? Warum sah ihr Gesicht so geschwollen aus? Warum weinte sie jedesmal, wenn sie mich ansah? Warum wollte sie mich nicht um sich haben? Warum lachte sie gar nicht mehr? Was war geschehen, während ich bei Oma in Amsterdam war? War ich in die falsche Familie zurückgekehrt? Was war los? Wo war meine Mutter? Hatte ich alles ganz falsch in Erinnerung? Wurde ich bestraft, weil ich nicht nach Hause kommen wollte? Warum war alles so verändert? Was hatte ich nur so Schlimmes verbrochen?

4.2 Das alles hätte ich mir nur zurechtgesponnen, sagte sie. Lügnerinnen könnten die Wahrheit nicht von der Unwahrheit unterscheiden. Kinder würden Erwachsene doch immer nur belügen. Ich brächte in meinem Kopf alles durcheinander. Sie würde mir nie wieder Glauben schenken. Einmal eine Lügnerin, immer eine Lügnerin. Ich müsse fürs Lügen bestraft werden, aber sie wisse ja, daß nichts mich daran hindern würde. Und ich müsse mich bei Vati entschuldigen, weil ich seine Gefühle verletzt habe. Ich weigerte mich. Ich könne mich nicht weigern. Er wolle seine Entschuldigung. Du kannst mich nicht dazu zwingen, sagte ich. Ich hab' nicht gelogen. Ich will nicht mehr an das denken, was er getan hat. Ich hab' nicht gelogen. Ich weiß, wo er mich angefaßt hat. Ich weiß, wie sich das angefühlt hat. Warum soll ich sagen, tut mir leid, wenn ich gar nichts getan hab'? Das ist nicht fair. Ich weiß, sagte meine Mutter. Aber er will eine Entschuldigung, und es ist am besten, ihm zu geben, was er will.

4.3 Tut mir leid, Vati. Ich blicke auf seine Schuhe. Ich nuschle. Was? Ich will's noch einmal hören. Tut mir leid, Vati. Er greift mir ans Kinn und drückt zu, hebt meinen Kopf, damit ich ihn ansehe. Ich sehe auf die Wand hinter ihm. Ich will ihm nicht in die Augen sehen. Ich weiß, was sie sagen. Ich weiß, er lügt, und er will, daß ich seinen Triumph sehe. Geh mir aus den Augen, ich kann Lügner nicht leiden. Und denk ja nicht, daß dir je wieder jemand glaubt. Hast du mich verstanden? Ich werde dafür sorgen, daß alle erfahren, was für eine Lügnerin du bist.

4.4 So stehe ich vor Vati. Zum erstenmal. Vier Jahre alt. Eine Lügnerin. Aber ich bin keine Lügnerin. Ich versuche, mit Mutti zu reden. Sie will mit mir nichts zu tun haben. Geh spielen. Meine Schwestern wollen nicht mit mir spielen. Ich hab' Vati zu sehr geärgert. Und er hat sie vor mir gewarnt. Ich sehe mich in der Wohnung um. Ich frage mich, wie ich in dieser neuen Welt leben kann, in der niemand mit mir sprechen will. In der niemand mir glaubt. In der meine Mutti mich nicht mehr liebt. Und in der Vati mich belauert und grinst. Warum ist er so zufrieden?

4.5 Meine Mutter sagt mir viele Jahre später, daß ich als Kind nie gespielt habe. Ich weiß noch, wie mürrisch und verschlossen ich damals geworden bin. Ich weiß noch, wie ich stundenlang ins Nichts starrte. Ich weiß noch, wie damals die Welt für mich jede Freude verlor. Es dauerte sehr lange, vergessen zu können. Ich wußte immer, wenn er sich ebenfalls daran erinnerte. Er grinste. Er war so mit sich zufrieden. Und er machte es sich zum Prinzip, grausam zu mir zu sein. Weil ich ihm das angetan hatte, sagte er. Alles, was ich tat, mußte von ihm gebilligt werden. Mein Benehmen mußte ihm berichtet werden. Er wollte dafür sorgen, daß ich nie wieder log. Wenn ich irgend etwas wollte, sagte er nein. Lügnerinnen bekämen nichts Gutes. Lügnerinnen bekämen keine Vergnügen oder Süßigkeiten wie die anderen Kinder. Lügnerinnen müßten für ihre Lügen bezahlen, bis in alle Ewigkeit.

4.6 Das Märchen glaubten sie alle. Sie ist eine Lügnerin. Sie verbreitet schaurige Lügen über Vati. Und sie ist vierzig. Sie verbreitet noch immer dieselben Lügen über Vati. Sie erzählt es schließlich einer Schwester. Was bringt diese Familie um? fragt ihre Schwester. Lügen. Heimlichkeiten. Ich glaube dir nicht, sagt ihre Schwester, du lügst. Du lügst ja ständig. Du haßt ihn. Er hat dir nie etwas getan. Du haßt ihn, weil du ein elendes Miststück bist. Eine Lügnerin.

4.7 Abendessen. Ich bin dreizehn. Er beschließt, daß er sich jetzt nicht mehr verstellen muß, er kann mit mir machen, was er will. Was immer er will. Wenn er sagt, ich esse nicht, dann esse ich nicht. Wenn er sagt, ich bitte auf Knien neben seinem Stuhl um mein Essen, dann bitte ich auf Knien. Er betritt das Zimmer. Alle Kinder um den grünen Tisch erstarren vor Angst. Er setzt sich. Er sieht mich an. Die Mürrische. Die, die nicht mehr lächeln kann. Er schreit mich an. Ich beachte ihn nicht. So macht er's immer. Die Wörter sind stets die gleichen. Der Haß in seiner Haltung, seiner Stimme, seinen Händen. Er wendet sich an die anderen. Wollt ihr etwa . . . brüllt er sie an. Wollt ihr etwa einmal so werden . . . bellt er. Wollt ihr etwa einmal so werden wie sie? So laut er kann in einem kleinen Zimmer und ich bloß einen Meter entfernt. Er spuckt. All die kleinen Gesichter um mich her mit aufgerissenen Augen vor Angst und Tränen. Nein, wimmern sie.

4.8 Er sitzt am Kopfende des Tisches. Das beste Essen im Haus bekommt er. Wenn wir sein Essen anrühren, schlägt er uns. Es ist sein Essen. Samstagabend ißt er Huhn und wir Suppe. Kein Kind am Tisch hat mehr als die Brühe vom Huhn. Es ist seins. Darübergebeugt sitzt er da, schirmt es vor uns ab. Er sitzt da und kaut langsam, seine Augen belauern die Gesichter der Kinder. Er fragt uns, ob es gut riecht. Und wir sagen, ja, Vati, es riecht gut. Ja, sagt er, ihr könnt es vergessen, ihr kriegt eh nichts ab.

4.9 Nach dem Essen frage ich sie, meine kleinen Schwestern, was ich ihrer Meinung nach getan habe. Sie sind verdutzt. Sie wissen es nicht. Ist auch egal. Vati sagt, du bist böse. Also bist du böse. Vati sagt, wir sollen nicht mit dir reden. Vati sagt, wir sollen ihm alles erzählen, was du sagst, weil es was Böses sein würde. Glaubt ihr, daß ich böse bin? frage ich sie. Mußt du ja wohl. Vati hat gesagt, daß du böse bist.

4.10 Jahrelang die Böse. Was ich auch tat oder dachte. Was ich auch nicht tat oder nicht dachte. Alles an mir war böse. Es störte mich nur beim Essen, wenn er brüllte. Es störte mich nur, wenn die kleinen Schwestern, die ich liebte, mich haßten, weil er's ihnen eingeimpft hatte. Es störte mich nur, wenn sie weinten. Nein, Vati, ich will nicht so werden wie sie. Nein, Vati, ich werde nie lügen wie sie.

4.11 Vierzig. Noch immer die Böse. Noch immer voller Haß. Noch immer verlogen. Und Geschwister über dreißig glauben ihm noch immer. Sie vertrauen ihm. Sie vertrauen sich selbst nicht, und sie hassen mich noch immer für das Leid, das ich ihnen bereitet habe. Ich habe versucht, einigen zu erzählen, was er getan hat. Ich ernte keinen Unglauben. Ich ernte Außersichsein vor Entsetzen. Wie könne ich ihm so was antun? Wie könne ich so was von ihm auch nur denken? Wie könne ich bloß so ein gemeines und elendes Miststück sein? Niemals würde Vati so was tun, er könne nicht mal einer Fliege etwas antun. So ein wundervoller Vati. So ein empfindsamer Vati. So ein guter Vati. Wir lieben unseren Vati so sehr. Und dich hassen wir noch immer. Er hatte recht. Er hatte schon immer recht, was dich betrifft.

4.12 Vierzig. Kein Trost. Eine Stunkmacherin. Ewig. Eine Lügnerin. Ewig. Ein Bruder sagt, ich könne sagen, was ich will, das sei mein Recht als Erwachsene. Er wisse ja, daß ich nur lüge. Er habe schon vor langer Zeit gelernt, mir nicht zu trauen. Wer hat es dich gelehrt? frage ich. Niemand, sagt er, ich kenne dich eben. Was du sagst, ist mir völlig schnuppe, sagt er. Eine Stunkmacherin.

4.13 Eine Schwester: Wie kannst du nur? Wie kannst du so was auch nur von ihm denken? Kein Wunder, daß er dich haßt. Wie konntest du nur so mies werden. Komm ja meinen Kindern nicht nahe. Mein Mann wußte gleich, daß du eine Stunkmacherin bist, schon auf den ersten Blick. Leute wie dich wollen wir hier nicht haben. Was für Leute? Lügnerinnen. Stunkmacherinnen. Männerhasserinnen.

4.14 Zu einer anderen Schwester: Glaubst du nicht, ich könnte vielleicht einen Grund haben, Männer zu hassen? Glaubst du nicht, jemand hat mich hassen gelehrt? Nein, sagt sie. Du bist schon böse geboren. Er hatte recht. Was hat dir je ein Mann getan? Sie können dich nicht ausstehen. Das ist kein Wunder. Stunkmacherin. Männerhasserin.

4.15 Eine andere Schwester: Lern, eine Dame zu sein. Halt den Mund. Er haßt dich, weil du ihn provozierst. Du weißt ja nicht mit ihm umzugehen. Ich tu's. Mich haßt er nicht. Nur dich, weil du nie lernst, den Mund zu halten. Ich hab' auch nie gelernt, zu tun, was ich sollte, sage ich. Stimmt, sagt sie. Was hast du denn von ihm erwartet? Du hast ihm ja keine Wahl gelassen. Was blieb ihm anderes übrig, als dich zu hassen. Er haßt dich, weil du nicht dankbar bist. Dankbar? Für das, was er für dich getan hat, du Dumme. Den Haß hast du verdient. Zumindest hättest du so tun können, als ob du dankbar bist. Dann würde er dich nicht hassen müssen.

4.16 Meine Mutter: Du verstehst ihn eben nicht. Früher hatte ich Angst vor ihm. Ich habe keine Angst mehr vor ihm. Manchmal nimmt er mir das Staubsaugen ab, wie du weißt. Er hilft mir inzwischen beim Spülen. ich möchte nicht allein sein. Er ist alles, was ich habe. Was ist mit deinen Kindern? frage ich. Was soll schon mit ihnen sein, sagt sie. Er hat dich geschlagen, sage ich. Daß Kinder immer übertreiben, sagt sie. Ich weiß, daß er dich geschlagen hat. Ich hab's gesehen. Er ist immer ein guter Ehemann gewesen. Ich habe heute nicht mehr soviel Angst vor ihm wie früher. Seit wann hast du keine Angst mehr vor ihm? Sie sieht weg. Ach, sagt sie, seit ein paar Jahren, glaube ich.

4.17 Ich schenke meiner Mutter ein Buch. Sie tut, als sei es radioaktiv. Was ist das? fragt sie. Das sind Briefe von Müttern und Töchtern. Ich dachte, es gefällt dir vielleicht. Du selbst hast fünfunddreißig Jahre lang deiner Mutter geschrieben. Ich dachte, du würdest vielleicht gern lesen, was andere Frauen einander geschrieben haben. Sie weiß schon, daß das eine Finte ist. Gefährlich. Aber sie ist gerührt. So was kannst du dir gar nicht leisten, sagt sie. Ich kann mir nicht leisten, es nicht zu tun, sage ich. Sie starrt auf die Widmung. Ich sehe Tränen in ihrem Gesicht. Ich kann das nicht annehmen, sagt sie. Weshalb nicht? Wegen dem, was da drin steht. Er würde es nicht verstehen. Wer? Dein Vater. Nein, dein Mann. Ich will meiner Mutter ein Geschenk machen. Das hat mit ihm nichts zu tun. Du mußt es umtauschen, sagt sie. Ich kann es nicht einfach so annehmen. Er würde es nicht verstehen. Du kennst ihn eben nicht.

4.18 Als Widmung steht da: Für meine Mutter. Ich habe dich immer geliebt. Immer. Ich schrieb ihren Mädchennamen und unterschrieb mit dem Namen, den ich angenommen habe. Ich wollte ihn außenvor lassen. Ich wollte, daß es nur etwas zwischen uns beiden wäre, ohne ihn. Ich weiß nicht, wie ich die Angst in ihrem Gesicht beschreiben soll. Sie ist zweiundsechzig Jahre alt. Ihr ganzes Leben als Erwachsene hat sie in Angst vor dem Mann gelebt, den sie geheiratet hat. Noch immer hat sie Angst. Das Buch ist eine Bombe. Darin erzählen Töchter ihren Müttern, wie Väter vergewaltigt, wie Väter geprügelt haben. Ich hoffe, sie liest zumindest hundert Seiten. Ich weiß, daß sie es nicht mal aufschlagen wird. Und wenn, so weiß ich es nicht, sie hat es mit nach Hause genommen. Sie verliert kein Wort mehr darüber.

5

5.1 *Viertes Tor.* Vati ruft dich. Weshalb? Er will, daß du kommst und ihm gute Nacht sagst. Weshalb? Er ist im Keller. Sag deinem Vater gute Nacht. Der Keller. Ich bin zehn. Jeden Abend muß ich in den Keller, bevor ich zu Bett gehe. Im Nachthemd, barfüßig, stehe ich vor der Dunkelkammertür. Gute Nacht, Vati. Wenn ich Glück habe, ist die Tür zu und bleibt zu.

5.2 Irgendwann im Laufe dieses Jahres beginnt er mit dem Ausbau seines sogenannten Studios. Er sagt nicht, wofür es ist. Sein Vater hilft ihm. Ohne Erlaubnis dürfen wir nicht in die Nähe kommen. Ich habe die Erlaubnis, meiner Mutter beim Saubermachen zu helfen. Ich finde merkwürdige Kleidungsstücke im Umkleideraum. Wozu ist das, Mutti? Zu gar nichts. Faß das nicht an, es ist schmutzig. Dinger mit schwarzen und roten Spitzen. Lippenstift, der nicht meiner Mutter gehört. Unanständige Schlüpfer. Wieder frage ich sie. Mit tiefer Bitterkeit antwortet sie. Das sind seine Requisiten.

5.3 Was immer im Keller vor sich geht, ich weiß es nicht. Ich bin neugierig. Eines Nachts werde ich von einer Party geweckt. Gelächter klingt herauf. Männer und Frauen. Geräusche vom Getränkemixen. Ich höre meine Mutter in der Küche und schleiche bis zur Treppe und kauere mich hin, so daß ich sie zwischen Küche und Wohnzimmer hin und her gehen sehen kann. Sie trägt Platten mit Snacks herein. Als sie mit den leeren Gläsern zurückkommt, glaubt sie etwas zu hören und kommt unten an die Treppe, um nachzusehen. Ich sehe sie kommen und verstecke mich. Kaum kehrt sie zu ihren Gästen zurück, nehme ich meinen Beobachtungsposten wieder ein.

5.4 Die Party wird in den Keller verlegt. Ich sehe ein paar Männer und noch eine Frau außer meiner Mutter. Meine Mutter geht nicht mit ihnen in den Keller, sondern bleibt, um aufzuräumen. Ich beobachte, wie sie eine Weile hin und her geht, bevor ich zum Schluß komme, daß es nichts mehr zu sehen gibt. Also gehe ich wieder zu Bett.

5.5 Dies wird zur Routine. Es sind verschiedene Frauen, aber für gewöhnlich dieselben paar Männer. Manchmal geht meine Mutter mit hinunter. Sie beginnen die Party immer im Wohnzimmer. Nach einigen Drinks gehen sie dann in den Keller ins Studio. Geraume Zeit später kommen sie wieder ins Wohnzimmer, trinken Kaffee und verschwinden. Morgens schwimmen in den Plastikschalen Kontaktabzüge von der vergangenen Nacht. Vollbusige nackte Frauen. Frauen, die ich nur von meinem Hochsitz oben an der Treppe gesehen habe. Frauen, die ich nie wiedersehe.

5.6 Meine Aufgabe ist es, morgens das Bett meiner Eltern zu machen. Unter seinem Kopfkissen finde ich ein Buch. Bilder von nackten Frauen. Bilder mit den gleichen Spitzendingern, wie ich sie im Keller gesehen habe. Ich weiß nicht, was das bedeutet. Ich frage meine Mutter. Das Buch gehört deinem Vater. Rühr es nicht an. Aber, so folgere ich, ich könnte sie mir ja ansehen. Ich könnte wohl kaum das Bett machen, ohne das Buch unter seinem Kopfkissen anzurühren. Solange ich meiner Mutter nichts sagte, würde er es nicht wissen. Inzwischen liegt ständig ein Buch unter seinem Kopfkissen. Alle paar Tage ein anderes Buch. Ich schaue sie mir alle an, um herauszufinden, was das soll. Das Bettenmachen dauert immer länger.

5.7 Die Fotos im Becken und die im Buch brachte ich nicht in Verbindung. Bis heute. Ich weiß jetzt, was er ist. Ein Pornograph. Abschaum der Menschheit. Zuhälter und Pornograph. Er benutzte meine Mutter. Er benutzte die Frauen einiger „Freunde". Er benutzte junge Frauen, die er mit Märchen von Ruhm und Glück hergelockt hat. Serviererinnen hatten es ihm besonders angetan. Er ließ sie Verträge unterschreiben, sie oder die Eltern, wenn die eine oder andere zu jung war. Er liebte Frauen, sagte er. Er liebte sie alle. Er benutzte sie alle. Er verkaufte sie alle.

5.8 Er beginnt mit meinem Training. Sonntagnachmittag. Mutter gibt mir Anweisungen, bevor ich in den Keller gehe. Er will, daß du den blauen Pullover trägst und deinen Kordrock. Tu, was er sagt. Stell keine Fragen. Wieso denn? Tu halt, was er sagt. Ich bin elf.

5.9 Mein Körper verändert sich. Demnächst werde ich zwölf. Er ist sehr interessiert. Heb deinen Rock hoch. Was? Heb deinen Rock. Ich will sehen, ob du normal bist. Normal? Er kneift mich rings um die Brustwarzen. Er macht einen enttäuschten Eindruck. Geh mir aus den Augen.

5.10 Ich gehe ins Bad und verriegle die Tür. Ich versuche, mich im Spiegel zu betrachten. Der Spiegel ist zu hoch, und ich muß gegenüber auf die Toilette steigen. Ich kann überhaupt nichts sehen. Ich kann auch nichts sehen, wenn ich an mir herunterblicke. Außer daß da etwas auf meinem Oberkörper zu wachsen scheint. Etwas, das er für nicht normal hält. Ich habe Angst. Werde ich nun ein Monster? Mir dämmert nicht, daß ich in meinen Frauenkörper hineinwachse. Mir dämmert, daß ich hasse, was da mit mir geschieht, wenn es bedeutet, Vati kann fordern, daß ich vor ihm meinen Rock hebe.

5.11 Der Keller. Jetzt wartet er plötzlich im Studio auf mich. Ich höre, wie er die Lampen herumschiebt, aber ich tu so, als höre ich's nicht. Ich stehe vor der Dunkelkammertür und sage ganz leise gute Nacht, und dann flitze ich an der Studiotür vorbei und wieder die Treppe rauf. Ich bekomme immer mehr Angst vor dem Keller.

5.12 Ich werde mutiger. Mehrere Abende hintereinander gehe ich nicht in den Keller vor dem Zubettgehen. Er merkt es. Er droht mir. Verdammt, du wirst kommen und mir gute Nacht sagen, wenn ich es sage, wo ich es sage. Ich habe Angst. Ja, Vati. Aber ich will dich ja nicht stören, Vati. Ich werde dir gute Nacht sagen, bevor du in den Keller gehst. Es wird Zeit, daß ich dir beibringe, zu tun, was man dir sagt. Deine Mutter ist viel zu nachsichtig mit dir. Verstehst du mich? Heute abend, wenn du dich fürs Bett fertig gemacht hast, wirst du mir im Keller gute Nacht sagen.

5.13 Er erwartet mich. Er ist in der Dunkelkammer, aber die Tür steht heute offen. Komm her, sagt er. Ich will dir was zeigen. Er zieht einen Schlüssel aus der Tasche und schließt ein Schränkchen auf, das neben der Tür an der Wand hängt. Er holt eine gelbe Kodakschachtel hervor und sucht ein paar Fotos aus. Er breitet sie auf dem Tresen aus. Meine Mutter. Nackt. Mit diesem Lächeln, das ich kenne. Das Lächeln, das auch ich vor der Kamera zu machen gelernt habe. Das Lächeln, das ich lächle, wenn er sagt, befeuchte deine Lippen, heb deinen Kopf, lächle. Die zusammengebissenen Zähne. Der gehetzte Blick in die Kamera. Gefangen. Machtlos. Lächle.

5.14 Ich bin beschämt. Entsetzt. O nein, sage ich. Das kann gar nicht stimmen. Meine Mutter würde so was nie tun. Sei nicht albern, sagt er. Sie tut das, was ich ihr sage. So wie du auch lernen wirst, das zu tun, was ich sage. Mag Mutti, wenn du sie nackt fotografierst? Sie muß es ja nicht mögen. Sie tut, was man ihr sagt. Und sie weiß, was passiert, wenn sie es nicht tut. Dann schicke ich sie ihrem alten Herrn. Wahrscheinlich trifft den Alten der Schlag. Geschieht ihm ganz recht. Sie weiß es. Sie tut, was man ihr sagt. Ich sehe zu, wie er die Fotos wieder in der Schachtel im Schrank verstaut. Er schließt ab, und der Schlüssel wandert wieder in seine Hosentasche. Warte im Studio auf mich, sagt er.

5.15 Er kommt ins Studio und knipst ein paar Lampen an. Er macht sich an der Kamera zu schaffen. Er scheint etwas auszuhecken. Ich stehe neben der Tür. Ich beobachte ihn. Es ist schon lange Zeit für mich, ins Bett zu gehen. Ich gebe dir jetzt einen Gutenachtkuß. Er sieht mich verächtlich an. Du gehst erst, wenn ich es erlaube. Er fingert weiter an der Kamera herum, überprüft die Einstellung, schließt die Jalousie. Er stellt eine Bank vor die Hintergrundkulisse. Komm her.

5.16 Ich tu so, als wüßte ich nicht, was er meint. Komm her, wenn ich's dir sage, verdammt. Wohin denn, Vati? Über die Bank legen? Ich bin dumm. Ich weiß nicht, was er meint. Ich will nicht wissen, was er meint. Er packt mich bei der Schulter. Hände wie ein Schraubstock. Er stößt mich über die Bank, so daß ich die Plastikdecke durch mein Nachthemd an meinem Bauch spüre. Ich höre die Kamera klikken. Zieh deinen Schlüpfer runter. Steh ja nicht auf. Faß hin und zieh ihn runter. Klick. Mein Schlüpfer hängt um meine Knie. Klick. Heb dein Nachthemd. Es kostet Mühe, über die Bank gebeugt liegenzubleiben. Dreh dich nicht um. Warum klingt er so außer Atem. So liege ich da, mit dem nackten Arsch in der Luft, und es kommt mir vor wie eine Ewigkeit. Vati, ich möchte ins Bett gehen. Halt's Maul. Rühr dich nicht. Ich starre zu Boden. Die Fußstapfen auf dem grauen Papier der Hintergrundkulisse. Wessen Fußabdrücke? Dies hier ist langweilig und bescheuert. Was tut er da hinter mir?

5.17 Ich bin nicht darauf gefaßt, als es losgeht. Der erste Schlag jagt mir Wellen des Entsetzens durch den ganzen Körper. Mir kommt das Essen im Magen hoch. Hier, damit du lernst, zu tun, was man dir sagt. Hier, damit du aufhörst, dumme Fragen zu stellen. Hier, damit du lernst zu gehorchen. Es ist das erste Mal. Er schlägt fest zu. Er schlägt mit den Händen. Es dauert nicht lange. Steh auf. Als ich aufstehe, verpaßt er mir einen heftigen Schlag ins Gesicht. Nimm deinen Schlüpfer und geh mir aus den Augen. Heb ihn auf. Los. Ich wimmere. Ich bin zu schockiert, um zu weinen. Ich begreife gar nichts. Ich habe doch alles getan, was er wollte, auch wenn es bescheuert war. Ich bleibe an der Tür stehen. Er spult den Film zurück, er nimmt den Film aus der Kamera und steckt ihn in seine Tasche. Vati? Warum hast du mich geschlagen? Weil du's verdient hast. Weil's mir gefällt. Ich kann tun, was ich will. Kapierst du? Scher dich ins Bett. Stör deine Mutter nicht. Scher dich sofort ins Bett. Ich unterdrükke die Tränen, bis ich im Bett bin, und weine mich in den Schlaf.

5.18 Am nächsten Morgen ist er höchst zufrieden mit sich. Er beordert mich zu sich ins Schlafzimmer. Ich will ihn nicht ansehen. Ich will nicht mit ihm reden. Was will er jetzt wieder? Jetzt bin ich auf alles gefaßt. Er wird mich nie wieder so überrumpeln. Hast du deine Lektion gelernt? Welche Lektion? Ich weiß nicht, warum du mich geschlagen hast. Ich hab' doch nichts Falsches getan. Ich hab' genau das getan, was du gesagt hast. Ich hab' all die bescheuerten Dinge getan, die du wolltest. Warum hast du mich geschlagen? Weil du verstockt bist und dumm. Weil du nicht tust, was man dir sagt. Tu ich wohl. Tu ich wohl. Sein Gesicht ist eine Grimasse höhnischen Lächelns. Heute abend, sagt er. Heute abend werden wir ja sehen, ob du tust, was man dir sagt.

5.19 Vierzig. Ich sitze da und zittre. Ich möchte kotzen. Was ist mit mir los? Wieso ekele ich mich so? Was bereitet mir solche Angst? Ich schreibe über meine Vergangenheit. Fast dreißig Jahre ist es her. Warum fühle ich mich so elend, wenn ich dies schreibe? Warum ist mir so kalt?

6

6.1 *Fünftes Tor.* Nein. Nein. Nein! Zwing mich nicht, wieder daran zu denken. Zwing mich nicht, es wieder fühlen zu müssen. Nicht. Bitte nicht. Ich kann's nicht ertragen. Alles tut mir weh. Mein Magen. Mein Kopf. Die Spannung verkrampft immer mehr.

6.2 Musik. Mozart. Füll den Raum um den Schmerz mit Musik. Schutz vor dem Widerhall des Schmerzes.

6.3 Elf. Musik. Musik, damit du dich entspannst, sagt er. Er hat einen Lautsprecher ins Studio gelegt. Musik zur Vergewaltigung. Musik zur Vergewaltigung eines Kindes. Entspann dich, sagt er. Hör die Musik. Bilde dir ein, du wärst ganz woanders.

6.4 Keine noch so starke Einbildung könnte mich aus dem Gleißen der Fotolampen befördern. Keine Einbildung könnte ihn kaltmachen. Üb, sagt er. Bilde dir ein, du seist am Strand. Ich hasse den Strand, sage ich. Tu, was man dir sagt. Der Strand hat dir immer gefallen. Jetzt nicht mehr. Nie wieder. Alles hat er mich hassen gelehrt. Du bist früher gern mit der alten Dame zum Strand gegangen. Bilde dir ein, du bist am Strand. Nein.

6.5 Nein und nein und nein! Hilft mir denn niemand? Ich mag das hier nicht. Faß mich nicht an. Faß mich nicht an. Beug dich über die Bank, sagt er. Wieder? Wieso jetzt? Du wirst lernen zu gehorchen. Du wirst lernen, das zu tun, was man dir sagt. Ich hasse dich. Ich hasse dich. Hände. Wieder. Hände. Er tut mir so weh. Auf den Rücken, sagt er. Der Betonfußboden. Oder ich verprügle dich noch mal. Nein! Bin ich es, die da schreit? Er dreht die Musik auf. Hände schlagen, schlagen, schlagen. Jetzt leg dich auf den Rücken. Dahin, auf den Boden. Halt's Maul und tu, was ich dir sage. Nein! Nein! Du kannst mich nicht dazu zwingen. O ja, ich kann dich zwingen. Mach dir nichts vor. Ich kann dich zwingen zu tun, was immer ich will, sagt er. Ich werde es jemand erzählen! Ich kann dies nicht mehr ertragen.

6.6 Wem wirst du's erzählen? Denkst du etwa, daß dir jemand glaubt? Weißt du, was sie mit Kindern tun, die lügen? Ich werde dich einsperren lassen. Ich werde dafür sorgen, daß sie den Schlüssel wegwerfen. Ich werde dafür sorgen, daß du nie wieder rauskommst. Du wirst mich nicht ins Gefängnis bringen, ich glaube dir nicht. Nicht ins Gefängnis, du Dumme. Ein Haus für verrückte Weiber. Ein Haus, in dem sie dich ewig einsperren, wenn ich ihnen sage, daß du verrückt bist. Ich bin dein Vater, mir werden sie glauben. Dir werden sie nie glauben.

6.7 Die Nonnen nahmen mich und einige andere Kinder mit in die Irrenanstalt, um dort mit den Insassen die Messe zu hören. Er wollte, daß ich mitgehe. Er sagte, es wäre gut für mich. Ich wußte zu der Zeit nicht, was er meinte. Irgendwie wurde ich von der Gruppe getrennt. Ein Wärter, der die Insassen zur Abteilung zurückbringen sollte, zwang mich mitzugehen. Ich wußte, daß sich die Türen hinter mir schließen würden. Ich rief nach den Nonnen, rief um Hilfe.

6.8 Laß dir von diesen dummen Nonnen nichts vormachen. Ich bin dein Vater. Ich kann mit dir tun, was ich will. Wenn ich sage, du mußt eingesperrt werden, dann wirst du eingesperrt. Wenn ich sage, du bist verrückt, dann bist du verrückt. Also, muß ich dich wieder verprügeln, oder wirst du tun, was ich dir sage? Verstehst du mich? Kapierst du? Er redet auf mich ein und dreht mir den Arm um, daß ich glaube, er kugelt gleich aus. Mir tut alles weh. Ich bin völlig fertig. Ich weiß, daß ich nicht gewinnen kann. Ich will nicht eingesperrt werden. Ich halte mich nicht für verrückt. Ich weiß nicht, wie ich weglaufen kann. Ich weiß nicht, wen ich dazu bringen kann, mir zu glauben.

6.9 Vati hat immer recht. Ich muß unrecht haben. Für Mädchen muß die Welt wohl so sein. Ich wünschte, ich könnte aufhören zu kämpfen. Vielleicht würde es nicht so weh tun, wenn ich aufhörte zu kämpfen. Vielleicht ist er nett zu mir, wenn ich versuche zu tun, was er will. Vielleicht hört er auf, mich zu schlagen, wenn ich tu, was er will.

6.10 Tu so, sagt er. Tu so, als wärst du eine Frau. Tu so, als wärst du ganz scharf auf mich. Scharf auf dich? Du bist scharf drauf, daß ich dies mit dir tu, stimmt's. Ja, Vati. Ich bin gut zu dir, stimmt's? Ja, Vati. Es gefällt dir, wenn dein Vati mit dir Liebe macht, stimmt's? Du liebst, was Vati dich lehrt? Vati hat einer Frau soviel Liebe zu geben. Tu so, als wärst du Vatis Frau. Eine Hand drückt meine Schulter direkt an der Gurgel. Bevor er es erneut schwarz vor meinen Augen werden läßt, sagt er wieder: Sag, daß es dir gefällt. Ich drehe meinen Kopf weg. Er liegt auf mir. Es gibt kein Entrinnen. Die Hand an meiner Kehle lockert vorübergehend den Druck. Er dreht meinen Kopf zu sich, zwingt mich, ihn anzusehen. Sag es! Meine Zähne sind zusammengebissen. Alles tut mir weh. Ich bin so erschöpft. Ich glaube nicht, daß ich weiterkämpfen kann. Ich bin nicht verrückt. Der Haß steht in seinen Augen. Sein Mund verspritzt Gift und Galle gegen mich. Sag es, du Miststück, sonst liegt es nicht mehr in meiner Verantwortung, wie windelweich ich dich prügle. Sag es! Ich kann den Kopf nicht rühren. Seine Hand preßt meinen Kiefer zusammen, fest. Der Schmerz schießt mir in die Schulterblätter. Sag es. Ja, Vati, es gefällt mir sehr. Feixend sehe ich ihn an. Ich sage es. Ich gebe ihm nicht, was er will. Er schlägt mir heftig ins Gesicht, noch heftiger. Wieder. Wieder. Wieder. Ich weiß nicht mehr, was weinen ist. Es hat keinen Sinn zu weinen.

6.11 Wir haben jetzt ein Ritual. Ich muß im Studio auf ihn warten, über die Bank gebeugt. Er will mich wärmen, sagt er. Er lehrt mich, sagt er. Dies ist es, was es heißt, eine Frau zu sein. Zieh deinen Schlüpfer runter. Beug dich über die Bank. Empfang deine Prügel. Wimmere nicht und schluchze nicht. Weine nicht. Wenn du weinst, schlägt er nur fester und länger. Es macht ihm Spaß, dich zu schlagen. Er kann's kaum erwarten. Dreh dich nicht um. Er will nicht, daß du siehst, wie sehr es ihm Spaß macht.

6.12 Nach dem Prügeln. Leg dich hin. Auf den Rücken. Zieh erst dein Nachthemd aus. Warum muß ich dir das jedesmal sagen? Du solltest es inzwischen wissen. Ich zwinge ihn, es mir zu sagen. Zieh deinen Schlüpfer runter. Zieh dein Nachthemd aus. Ich bin zu dumm, um zu wissen, was er will. Ich erinnere mich nicht mehr an das, was er gestern gesagt hat. Er muß mich weiterhin schlagen. Eines Tages werde ich mich an das erinnern, was er gesagt hat. Eines Tages werde ich mich erinnern.

6.13 Jedesmal ist es ein Kampf. Ich leiste soviel Widerstand, wie ich wage. Ich will nicht noch härtere Schläge kassieren. Er wird mich schlagen, egal was ich tue. Wenn ihm nicht gefällt, was ich tue, wird er um so gemeiner. Ich kann lediglich versuchen zu verhindern, daß er mich umbringt. Elf. Ich kenne jede Bewegung von ihm und weiß, was sie für mich bedeutet. Ich kenne alles, was ihm gefällt, und weiß, wie ich ihm nicht nachgebe. Ich lasse ihn mich zwingen. Ich gebe ihm nichts, es sei denn, er zwingt oder prügelt mich erst. Ich mache es so schwer wie möglich. Er predigt von der Dummheit aller Frauen. Aber noch nie sei ihm eine begegnet, die so dumm ist wie ich. Er schlägt mich wegen meiner Dummheit. Er schlägt mich wegen meines Widerstands. Er schlägt mich wegen meiner Verstocktheit. Er schlägt mich, weil ich nicht mitspiele. Er schlägt mich für meine Aufsässigkeit. Er schlägt mich, weil ich ihm versage, was ich nur kann. Er schlägt mich, weil er mich gern schlägt.

6.14 Ich bekämpfe ihn, so gut ich es kann und weiß. Als er mir sagt, daß ich verrückt bin, habe ich nichts mehr zum Kämpfen. Ich werde lieb. Ich werde willig. Ich versuche, es ihm recht zu machen. Das ist besser, sagt er. Es hat reichlich lange gedauert, bis du begriffen hast. Ich schwöre, daß ich von nun an alles tun werde, was er will. Ich will nicht eingesperrt werden. O nein. Ich will leben. Ich will nicht vom Leben und von meinen Träumen abgeschnitten und eingesperrt werden.

6.15 Ich lerne zu tun, als ob. Ich tu so, als sei ich tot. Nur mein Kopf lebt. Nur ein kleiner Teil meines Kopfes. Ich habe keinen Körper. Vom Kinn abwärts ist da nichts, was lebt. Ich finde es seltsam, daß mein Körper – auch wenn ich so tue, als sei er tot und spiele für mich keine Rolle mehr – ihm dennoch nicht gehorchen will. Ich kann meine Schenkel nicht zwingen, sich nicht zu verkrampfen. Jedesmal drückt er mir gewaltsam die Beine auseinander. Ich wimmere jedesmal, wenn er mich anfaßt. Er schlägt mich deswegen. Ich bemühe mich sehr, nicht zu wimmern. Ich bemühe mich sehr, ihm nicht auszuweichen. Ich bemühe mich sehr, nichts zu fühlen. Es ist ohnehin gleichgültig, was ich fühle. Und wenn ich fühle, schmerzt es. Ich will nicht, daß die Schläge schmerzen. Ich lerne, nicht zu fühlen. Es gelingt mir. Ich kann so tun, als sei ich tot.

6.16 Oben bin ich ein Kind ohne jede Erinnerung. Da ist kein Tag zu durchleben. Ich bin ein Zombie. Ich versuche, meinen Körper vor mir zu verbergen. Meine Mutter sagt, ich sei unkooperativ geworden. Sie beklagt sich über meine mürrischen Tage. Niemand fragt mich nach meinen Nächten. Ich schweige. Ich habe die Sprache verloren. Er hat gesagt, wenn ich es irgendwem erzähle, wird er mich einsperren lassen, weil ich verrückt sei. Oder er wird mich umbringen. Ich habe nicht mehr den Mut, über irgend etwas zu sprechen. Dunkelheit. Sie ist so böse, daß sie nie tut, was Vati sagt. Dunkelheit. Vatis Gesicht. Vatis Hände. Vatis Mund. Vatis Penis. Gute Nacht, Vati. Gute Nacht.

7

7.1 *Abwärts. Fünftes Tor.* Ich erinnere mich, daß es ein Samstag war. Nachmittags im Keller. Ich mache mich bereit. Ich will mich nicht erinnern. Er ist allzu nett und lieb zu mir. Was will er jetzt? Etwas Besonderes heute abend? Was? Ich möchte, daß du mir heute abend einen Gefallen tust, sagt er. Ach, das. Jetzt ist es ein Gefallen? Jetzt habe ich die Wahl?

7.2 Wichtige Freunde. Heute abend. Ich möchte, daß du für sie posierst. Bloß posierst. Bloß posierst? Bloß? Ich möchte, daß du genau das tust, was man dir sagt. Ich will kein Widerwort und keine Frechheit. Du tust nur, was ich sage, wenn ich's sage. Diese Männer sind sehr wichtig. Ein Richter, ein Rechtsanwalt, ein Arzt. Ich werde dich nicht mit ihnen alleinlassen. Da brauchst du keine Angst zu haben. Manche Väter tun das, und ihre Mädchen werden völlig versaut. Ich, ich bin verantwortungsvoll. Ich bleibe im Zimmer beim Kind. So muß ich mich nicht mit dem Gewäsch von der Mutter des Kindes rumschlagen.

7.3 Was meint er nur? Versaut? Versaut inwiefern? Was wird versaut? Kapierst du? fragt er. Ich denke, du weißt, was passiert, wenn du nicht tust, was man dir sagt, ich denke, das weißt du inzwischen. Vielleicht sollte ich dich verprügeln, damit du weißt, was ich meine, he? Nein, du solltest lieber keine blauen Flecken haben, das sähen sie nicht gern. Geh wieder nach oben und hilf deiner Mutter. Sie wird dich rufen, wenn ich soweit bin. Heute abend.

7.4 Dies ist die Nacht, die ich am meisten vergessen möchte. Dies ist der Zeitpunkt, da alles zerbrach. Es war die Nacht meines Todes. Elf. Hübsches kleines Mädchen. Eine aufgeweckte, bezaubernde Elfe. Sie möchte Archäologin werden. Sie träumt von einem eigenen Leben. Sie möchte Schriftstellerin werden.

7.5 Samstag. Abendessen. Brot und Suppe für die Kinder. Brathähnchen für Vati. Sieh, wie er ißt. Laß dich nicht beim Zusehen ertappen, du weißt ja, daß du kein Hähnchen kriegen kannst. Denk nicht mal im Traum dran. Räum auf. Beeil dich. Gäste für Vati heute abend. Schweig still. Wisch noch mal über den Herd und den Tisch. Gäste heute abend, alles muß blitzblank sein. Er will die Hausarbeit überprüfen. Laß ihn nichts Unerledigtes oder Schlampiges finden. Beeil dich. Er ist ungeduldig.

7.6 Zeit zum Baden. Zuerst die Kleinen. Beeil dich. Beeil dich. Bring diese Kinder zu Bett, verdammt. Mach schnell, hab' ich gesagt. Die älteren Kinder baden sich selbst. Ich bade zuletzt. Kein frisches Badewasser heute abend. Ein frisches Nachthemd. Nein, du kannst nicht aufbleiben. Geh zu Bett. Ich hole dich, wenn er es wünscht. Aber Mutti, ich werde nicht einschlafen können. Versuch's, sagt sie.

7.7 Ich schlafe dann doch. Sie weckt mich. Komm, sagt sie. Er will jetzt, daß du kommst. Barfuß. Kalt. Ich folge meiner Mutter. In den Keller. Gelächter. Feiern sie eine Party? Sei still. Tu, was er sagt. Sprich nur, wenn er es dir sagt. Tu genau das, was er dir sagt.

7.8 Meine Mutter öffnet die Studiotür. Drei Männer. Fremde. Und mein Vater. Sie beobachten jede meiner Bewegungen. Warum sind sie so interessiert? Ich sehe, daß sie alle Drinks haben. Sie lachen, als ich mir den Schlaf aus den Augen reibe. Ich bin ganz benommen. Ich begreife nicht, warum ich hier bin. Ich stehe an der Tür. Meine Mutter sitzt auf einem Stuhl in der Ecke hinter der Kamera. Er stellt die Kamera ein und scherzt mit den Männern. Er knipst die Fotolampen an. Setz dich auf die Bank, sagt er. Sieh in die Kamera. Die Männer hinter der Kamera kichern. Ein Mann kaut auf einer Zigarre herum. Sie heben ihre Gläser. Ich versuche, Augenkontakt mit meiner Mutter zu halten. Lachen. Dreh deinen Kopf und die Schultern und schau auf die Tür. Jetzt den Kopf nach hinten. Befeuchte deine Lippen. Noch mal. Lächle. Klick. Neig den Kopf. Klick. Öffne ein wenig den Mund. Klick. Befeuchte deine Lippen noch einmal. Bleib genau so. Klick. Lächle. Lächle, hab' ich gesagt. Klick. Die Gläser werden wieder eingeschenkt. Ich bin jetzt wach. Klick.

7.9 Zieh dein Nachthemd aus. Ich glaube, er macht einen Scherz. Verdutzt sehe ich ihn an. Vor allen Leuten? Zieh das verdammte Ding aus, bevor ich es tu. Klick. Gelächter. Angst. Was soll das? Ich blicke meine Mutter an. Sie ist ganz versteinert. Ihre Augen sind nicht konzentriert. Sie wird mich nicht ansehen. Also, ziehst du es aus? Ich hab' nicht die ganze Nacht Zeit. Langsam streife ich das Nachthemd über den Kopf. Klick, klick, klick. Leg deine Hände unter die Brüste. Brüste? Ich habe keine Brüste. Auf deinen Oberkörper, du Dumme, nun leg die Hände unter deine Brustwarzen. Heb den Kopf. Sieh mich an. Klick. Klick. Die Männer seufzen. Die Männer lachen. Süß. Dreh wieder die Schultern. Leg die linke Hand hinter deinen Kopf. Streck die Brust raus. Ah. Aaah. Süß. Klick. Klick. Jetzt beide Hände hinter deinen Kopf. Brust raus. Dreh ein wenig die Schultern. Dreh den Kopf zur Seite. Neig den Kopf. Lächle. Klick.

Klick. Klick. Stütz den rechten Ellbogen auf die Lehne der Bank. Zieh die Beine hoch, auf die Bank. Ich kriege es nicht richtig hin. Er kommt hinter der Kamera hervor. Er setzt mich in Pose. Wie eine Puppe. Bleib so. Befeuchte deine Lippen. Rühr dich nicht. Klick. Klick. Neig den Kopf. Lächle. Lächle. Klick. Entspann dich.

7.10 Er legt einen neuen Film ein. Die Männer witzeln und lachen. Die Männer amüsieren sich. Der Mann mit der Zigarre reibt sich die Hände. Er ist ganz aufgeregt. Die anderen Männer sticheln ihn. Er amüsiert sich köstlich. Die Gläser werden aufs neue gefüllt. Die Kamera ist soweit. Die Männer sind soweit. Ich bin nicht soweit.

7.11 Zieh deinen Schlüpfer aus. Langsam. Wie ich's dir gezeigt habe. Nein. Hast du mich verstanden? Zieh deinen Schlüpfer aus. Nein. Nein. Mutti? Keine Antwort. Mutti? Endlich sieht sie mich an. Tu, was er sagt. Ich rühre mich nicht. Meine Mutter tuschelt mit ihm. Ich höre, wie sie sagt, sie will schon mal den Kaffee kochen für später. Er gestattet es ihr. Sie geht hinaus. Jetzt zieh ihn aus. Dummes Kind. Sie kann das nicht tun, wenn ihre Mutter zuschaut. Sie stellen sich ja so an mit ihren Müttern. Du weißt, was passiert, wenn du nicht tust, was man dir sagt? Du erinnerst dich noch, worüber wir heute nachmittag gesprochen haben? Du erinnerst dich noch an dein Versprechen? Versprechen. Ich hab' dir nie was versprochen. Sag das nicht. Wenn du sagst, was du denkst, schlägt er dich. Langsam, ganz langsam geht der Schlüpfer runter. Er merkt nicht, daß meine Haut ebenfalls runtergeht. Ich schäle mich aus meiner Haut. Ich bin nicht mehr ich. Ich bin eine andere. Eine, die ich nicht sein will. Eine, an die ich mich nie wieder erinnern will. Eine, die ich mal gekannt habe, sitzt auf einer mit weißem Brokat bedeckten Bank unter Fotolampen vor der Kamera. Ein Körper sitzt da, nackt. Der Körper versucht, sich zu bedecken. Die

Hände bewegen sich automatisch. Der Körper preßt die Schenkel zusammen. Starrt auf den Heizungsschacht an der Decke. Konzentriert sich auf den Hebel zum Öffnen und Schließen. Hört den Brenner. Jetzt kann der Körper beobachten, wie Staub aus dem Schacht wirbelt. Hört sonst nichts.

7.12 Aus weiter Ferne das Geräusch der Kamera. Klick. Klick. Klick. Jetzt scheinen die Männer zu schweigen. Der Körper hört nicht, daß ihm neue Anweisungen gegeben werden. Sie werden mehrmals wiederholt. Der Körper bewegt sich automatisch. Spreiz die Beine. Die Beine spreizen sich. Leg die Hand zwischen deine Beine. Der Körper legt eine Hand auf das Bein. Die Beine pressen sich zusammen. Gelächter. So nicht, du Dumme. Spreiz noch mal die Beine, und leg deine Hand dazwischen. Der Körper ist zu dumm, es richtig zu machen. Er kommt hinter der Kamera hervor. Er fletscht den Körper wütend an. Laß das, sagt er, oder es wird dir leid tun. Schrecklich leid tun. Hab' ich mich klar ausgedrückt? Hörst du mich? Ob du mich hörst?

7.13 Der Körper ist nicht mehr imstande zu reagieren. Mit der Haut hat sich auch die Stimme abgeschält. Gib ihr einen ordentlichen Schnaps. Sie braucht einen Schnaps. Der Körper sieht, daß einer der Männer einen Schnaps eingießt. Er gibt ihm den Schnaps. Der Körper riecht ihn und verzieht das Gesicht. Kipp ihn in einem Zug runter, sagt einer. Der Körper trinkt und würgt. Beim Husten kommen Tränen. Hier, wisch dir das Gesicht damit ab. Lassen wir ihr ein paar Minuten Zeit. Der Schnaps wird sie schon locker machen. Wieviel hast du ihr denn gegeben? Einen ordentlichen Schluck. Das sollte reichen. Gelächter. Sie schenken sich wieder ein. Der Körper sucht einen Ausweg. Einer der Männer sitzt vor der Tür. Er kippt seinen Stuhl und wippt damit. Kein Entrinnen. Der Alkohol beginnt zu wirken. Übelkeit.

7.14 Vati, mir ist nicht gut. Keine Sorge, das ist der Whisky, sagt er. Gleich geht's dir ganz prima. Er wendet sich an die Männer. Seid Ihr bereit zu einem kleinen Spaß, Euer Ehren? Darauf kannst du wetten. Sag, wann, sagt der Mann im braunen Anzug. Er zieht sein Jackett aus. Er trägt eine Weste mit einer breiten goldenen Uhrkette. Der Körper fragt sich, ob er ihm wohl die Uhr zeigt. Die Kette ist schön. Der Körper sieht auf die Kette. Er kann sich nicht überwinden, den Mann anzusehen. Er hat eine dicke Zigarre geraucht. Jetzt kaut er darauf und schiebt sie von einem Mundwinkel in den anderen. Er reibt sich die Hände. Sag, wann.

7.15 Ich will nur mal kurz mit ihr reden und sie drauf vorbereiten. Dann steht sie Euch ganz zur Verfügung. Er wird dich jetzt küssen, sagt er. Du mußt keine Angst haben. Ich bin ja hier und paß' auf. Sei nett zu ihm, er will dich nur ein wenig küssen. Weil er dich gern hat. Und denk dran, was ich dir gesagt hab'. Du weißt, was mit dir passiert, wenn du nicht mitspielst.

7.16 Der Mann geht um die Lampen herum, steigt über die Kabel, kommt auf den Körper zu. Er ist aufgeregt, seine Augen glänzen. Auf halbem Weg lacht er und dreht sich um. Hier, sagt er zu dem jungen Mann im blauen Anzug, halt meine Zigarre. Ich will nicht, daß mir hierbei was im Weg ist. Als er lacht, klimpert die Uhrkette auf seinem Bauch. Er zieht seine Weste an den Seiten herunter. Er ist soweit.

7.17 Der Körper versucht, ihn anzusehen. Er ist häßlich. Der Körper will ihm nicht ins Gesicht sehen. Er sieht auf die Uhrkette. Sieht auf die Schuhe. Der Mann legt dem Körper seinen Finger unters Kinn und hebt den Kopf. Du bist ein nettes Mädchen, sagt er. Gib mir einen kleinen Kuß. Der Körper dreht den Kopf weg. Der Mann küßt die Schulter. Er torkelt und setzt sich neben den Körper auf die Bank. Er berührt ihn. Der Körper versucht auszuweichen. Er rückt näher. Komm, gib uns einen kleinen Kuß, sei ein liebes Mädchen. Der Körper beißt die Zähne zusammen und weicht zurück. Der Mann versucht es wieder. Der Körper würgt. Der Mann ist bestürzt. Dann laß mich halt diese hübschen Tittchen ansehen. Wie eine Klaue legt sich die Hand auf die Brust des Körpers. Gelbe Fingernägel kratzen rund um die Brustwarzen. Fühlt sich das nicht gut an? Der Körper versucht, sich zu bedecken. Seine andere Klaue hält die Gelenke wie eine Handschelle. Er kratzt weiter auf der Brust herum. Will seine Klaue zwischen die Beine des Körpers schieben. Er tut ihm weh mit seinen langen Nägeln. Er stößt den Körper nach hinten gegen die Lehne. Der Körper hat das Gefühl, als ob das Rückgrat bricht. Der Mann ist schwer. Sein Atem riecht nach Zigarre und Whisky. Er steht auf und zieht die Beine unter dem Körper weg, so daß er flach auf dem Rücken auf der Bank liegt. Der Kopf ist gegen die Lehne gequetscht. Er ist aufgestanden, um die Weste auszuziehen, nun watschelt er durchs Zimmer und legt sie auf den Stuhl. Der Körper rührt sich nicht. Er sieht, wie der Mann seinen Hosenschlitz aufknöpft und etwas herausholt. Ein kleines schlappes Würstchen. Er schüttelt es. Was will er damit? Versucht er, es aufzuwecken?

7.18 Er torkelt wieder durchs Zimmer auf den Körper zu. Es scheint, als wolle er das rosa Würstchen in seiner Hand gegen die Schenkel des Körpers klatschen. Der Ausdruck in seinem Gesicht zeigt, daß er nicht zufrieden ist. Was immer er auch erwartet, es passiert nicht. Der Vater und der Mann im blauen Anzug schlagen vor, den Körper auf den Boden zu legen. Ihm ist sehr kalt. Der Körper klagt über die Kälte. Einer reicht das Nachthemd, und der Körper versucht, es anzuziehen. Sie lachen. Wir sind noch nicht fertig. Breite das Nachthemd auf den Boden. Leg dich aufs Nachthemd.

7.19 Der Körper legt sich auf den Bauch. Die Männer diskutieren. Sie werden ihm helfen, und danach sind sie dran. Einer schiebt die Bank aus dem Weg. Der Vater schlägt den Körper. Dreh dich um, auf den Rücken. Er kniet sich neben den Kopf des Körpers. Wenn du tust, was man dir sagt, dauert es nicht lange. Mach die Augen zu und tu, was ich dir sage. Ich bin ja hier. Niemand wird dir weh tun. Du mußt keine Angst haben. Dein dummes Gewinsel will ich nicht hören. Ich halte dich hier fest, und du wirst dich genau so benehmen, wie ich es dich gelehrt habe. Kapierst du?

7.20 Er preßt den Körper zu Boden. Die Hand liegt auf der rechten Schulter. Der Daumen drückt auf die Gurgel. Die Hände werden über dem Kopf festgehalten. Der Körper ist ausgestreckt. Diesmal wird sie keine Schwierigkeiten machen, Euer Ehren. Hände wie ein Schraubstock an der Kehle. Zieh deine Knie an. Gefesselte Handgelenke. Können sich nicht rühren. Der Körper versucht, den Rumpf beiseite zu rücken. Der Mann drückt die Beine auseinander. Er ist zwischen den Beinen des Körpers. Er will etwas hineinstekken. Der Körper fühlt die Fingernägel und schreit. Er tut mir weh, er tut mir weh. Der Körper schlägt den Kopf von einer Seite zu anderen, weint, schreit. Nein. Nein. Nein! Halt's Maul, zischt eine Stimme. Nein. Nein. Nein! Er schlägt in das Gesicht, heftig. Es fühlt sich an, als rolle der Kopf bei der Wucht vom Körper. Wieder schlägt er zu. Jetzt halt das Maul. Wenn du Ärger machst, dauert's nur länger. Halt's Maul. Nein. Nein. Nein. Der Körper versucht, sich loszureißen. Er kann sich nicht rühren. Die Hand an der Kehle. Der Körper würgt. Sie hören nicht auf. Der Mann im blauen Anzug kriecht zum Vater. Er hält die Hände des Körpers. Preßt ihm die andere Hand auf den Mund. Der Mann zwischen den Beinen stöhnt ganz merkwürdig. Auf einmal hört er auf, er sackt auf dem Körper zusammen. Es ist vorbei. Endlich ist es vorbei.

7.21 Die Hände des Körpers werden losgelassen, und die Pranke hebt sich vom Mund. Der Vater hält den Körper weiterhin an der Schulter. Die Männer diskutieren über dem Körper. Der sieht in die Gesichter über ihm. Sie handeln etwas aus. Der Mann im blauen Anzug ist jetzt an der Reihe. Der Körper denkt, daß er ein nettes Gesicht hat. Der Körper hofft, er wird ihm nicht weh tun. Er zieht seine Jacke aus und hängt sie über die Stuhllehne. Er kniet an den Füßen des Körpers. Er beugt sich darüber und küßt ihn auf den Mund. Küßt den Oberkörper. Die Beine des Körpers sind zusammengepreßt. Winkle die Knie an, sagt er, sei ein liebes Mädchen. Ich will nur mal sehen, sagt er. Er drückt die Beine auseinander. Wieder. Es soll wieder passieren. Er will das gleiche tun wie der andere Mann. Was ist los? Warum wollen sie mir weh tun? Warum können sie mich nicht in Ruhe lassen?

7.22 Es tut weh. Ich schreie. Es tut weh. Es tut weh. Es tut so weh. Bitte, Vati, laß nicht zu, daß sie mir weiter weh tun. Halt's Maul. Er tut dir nicht weh. Halt's Maul und lieg still. Wieder preßt sich eine Hand auf den Mund. Dieser Mann tut noch mehr weh als der andere. Er stößt in den Körper. Härter und härter stößt er hinein. Es fühlt sich an, als ob irgendwas zerreißt. Der Körper glaubt zu sterben. Es tut so weh. Die Hand über dem Mund dämpft kaum die Schreie. Der Körper würgt. Er beißt. Beißt, so fest er kann. Der Vater zieht seine Hand weg. Der Körper übergibt sich. Er schlägt wieder zu. Einer reicht ihm eine Zeitung, um das Erbrochene zuzudecken.

7.23 Es ist vorbei. Er steht auf. Der Vater läßt den Körper los, meinen Körper. Ich rühre mich nicht. Ich kann mich nicht rühren. Ich will sterben. Ich höre sie reden. Sie reden auf den anderen Mann ein, daß er jetzt dran sei. Er scheint nicht zu wollen. Sie diskutieren, wer mich festhält. Kommen wieder zu mir. Es ist nicht vorbei. Der andere Mann und mein Vater sind nun an der Reihe. So ist es fair, höre ich sie sagen. Fair.

7.24 Ich bin tot. Der dritte Mann tut, was die beiden anderen vor ihm getan haben. Er ist nicht so roh, aber ich bin so wund, daß es keine Rolle spielt. Alles tut weh. Alles. Bitte, laß es bald vorbei sein. Bitte, Vati. Bitte, Gott. Bitte, wer auch immer, laß es bald vorbei sein. Halt's Maul. Halt's Maul, hab' ich gesagt. Der Mann mit der Uhrkette und der Mann im blauen Anzug knien an meinem Kopf. Sie halten mich fest für den dritten Mann. Dann halten sie mich fest für meinen Vater.

7.25 Mord liegt in den Augen meines Vaters, als ich ihn auf mir sehe. Miststück. Dummes, winselndes Miststück. Ich werde dir zeigen, wo's langgeht. Ich zeig's dir. Und er stößt in mich rein. Du hast es ihnen gegeben, und Vati wirst du's auch geben. Ich hätte ihn wohl besser nicht so fest beißen sollen. Miststück. Er schlägt mich. Ich schmecke Blut, mein Blut. Er schlägt mich wieder. Die Männer, die mich festhalten, protestieren. He, sagen sie, reg dich nicht auf. Er braucht länger als die anderen. Ich bin so wund. Ich versuche, ihm auszuweichen, versuche, meine Beine zusammenzupressen, damit er nicht an mich rankommt. Es hat keinen Zweck. Überhaupt keinen Zweck.

7.26 Sie lassen mich los und knöpfen sich wieder die Anzüge zu. Sie gratulieren einander. Phantastisch. Phantastisch. Die Fotos werden Montag für sie fertig sein. Sie verschwenden an mich keinen Blick. Zusammengekrümmt liege ich auf dem Betonboden. Ich halte meine Hand zwischen den Beinen. Ich bin so wund, so wund. Ich will sterben. Ich weine so laut, wie ich wage. Ich will nicht, daß er mich noch mehr schlägt. Nicht alle Männer sind gegangen. Mein Vater diskutiert über Negative mit dem Mann, den er mit Euer Ehren anredet. Der Mann will sichergehen, daß er auch alle bekommt. Du verstehst, sagt er, ein Mann in meiner Position. O, ich verstehe vollkommen, sagt mein Vater. Ich rolle herum, so daß ich sie sehen kann. Ich sehe, wie mein Vater sich umdreht und mich voller Abscheu anblickt.

7.27 Er sagt, was würden Euer Ehren davon halten, sie zu kriegen, wann immer Ihr wollt? Der Mann sagt, er kann sich nicht oft solche Nächte leisten. Er sagt, sie ist eine gute Arbeitskraft. Ich habe sie selbst gedrillt. Sie könnte Eurer Frau im Haushalt zur Hand gehen. Wie meinst du das? Er sagt, er dächte daran, mich zu verkaufen. Aber was würde deine Frau dazu sagen? fragt der Mann meinen Vater. Nichts. Sie hat viele Mädchen, das eine würde sie nicht vermissen.

7.28 Ich sehe den Mann ganz genau an. Ich sehe meinen Vater an. Ich glaube nicht, daß ich ihn richtig gehört habe. Die Worte sind in meinem Kopf eingebrannt. Ich erinnere mich an den Ausdruck in seinem Gesicht, das höhnische Grinsen, als er mich ansieht, wie ich gekrümmt und weinend auf dem Boden liege. Ich erinnere mich an die Antwort des Mannes. Meine Frau würde das nicht verstehen, sagt er, sie ist nicht so wie deine Frau. Man muß sie hin und wieder tüchtig durchprügeln, damit sie weiß, wer Herr im Haus ist, sagt mein Vater. Aha, sagt der Mann. Er schaut mich noch einmal an. Also wieviel?

7.29 Vierhundert Dollar. Der Mann schnappt nach Luft. Das ist eine schreckliche Menge Geld. Soviel Bares habe ich nicht bei mir. Mein Vater zuckt die Achseln. Ich sehe den Mann an und denke, daß ich lieber mit ihm gehen würde, als bei einem Mann zu bleiben, der sagt, er ist mein Vater, der mich schlägt und der bereit ist, mich für vierhundert Dollar von meiner Mutter und meinen Schwestern zu trennen. Schlimmer könnte das Leben gar nicht werden. Ich würde lernen, Gefallen an dem zu finden, was er von mir will. Ich würde lernen, es ihm und seiner Frau recht zu machen. Ich glaube nicht, daß er mich schlagen wird. Der Mann starrt mich weiter an. Er würde ja gern, sagt er, aber eine derartige Summe könnte er nicht lockermachen. Das würde seine Frau mit Sicherheit merken.

7.30 Dann zweihundert Dollar. Nein, sagt er, seine Frau würde es nicht verstehen. Offensichtlich bedauert er diese Tatsache. Also dann, sagt mein Vater, schenk' ich sie Euch. Das täte ich für niemand außer für Euer Ehren. Ihr braucht es ja nicht zu erzählen. Es wäre allein eine Sache zwischen Euch und mir. Sie kann als Hilfe für Eure Frau zu Euch kommen. Es wird niemand erfahren. Ich möchte, daß sie mir jemand abnimmt. Egal, was Ihr mit ihr tut. Sie beklagt sich nicht. Und sollte sie sich beklagen, prügelt sie tüchtig durch, und sie wird Euch keinen Ärger mehr machen. Ich hab' sie selbst gedrillt. Sie tut, was man ihr sagt. Sie ist eine gute Arbeitskraft.

7.31 Sie ist wirklich ein nettes kleines Ding. Ich täte es schon sehr gern. Aber ich glaube nicht, daß ich meine Frau dazu bringen kann, sie bei uns aufzunehmen. Du kennst meine Frau nicht. Das würde nicht klappen. Ich täte es ja gern, doch ich weiß, daß das niemals klappen würde. Ich bedaure.

7.32 Mein Vater zuckt die Achseln. Der Mann verläßt das Studio. Mein Vater geht zur Kamera und nimmt den Film raus. Er sieht zu mir rüber. Steh auf. Scher dich ins Bett. Dich knöpf' ich mir morgen vor.

8

8.1 *Fünftes Tor zur Hölle. Das Studio.* Er geht hinaus. Ich rühre mich erst, als ich höre, wie die Dunkelkammertür hinter ihm ins Schloß fällt. Ich versuche aufzustehen. Meine Beine wollen mich nicht tragen. Ich rolle herum und rapple mich auf die Knie. Weiter komme ich nicht. Ich bin so erschöpft. So wund. So durchgefroren. Er hat das Licht ausgemacht. Nur im Umkleideraum brennt noch eine Lampe. Eine ganze Weile starre ich dorthin. Wieder versuche ich aufzustehen. Ich sacke zusammen. Es ist zu kalt, auf dem Boden liegenzubleiben. Ich krieche auf das Licht zu. Ich hangele mich an der Tür hoch. Übelkeit. Ich denke, gleich falle ich wieder. Zu gefährlich. Halt dich fest. Stütz dich an der Wand. Langsam. Beweg dich ganz langsam, damit du nicht wieder fällst. Er darf dich hier nicht finden. Bett. Wie weit ist es zu meinem Bett?

8.2 Ich ertaste die Treppe. Ich krieche auf Händen und Knien, in der einen Hand das Nachthemd. Es stinkt. Ich will es nicht anziehen. Ich schaffe es bis ins Badezimmer. Ich verriegle die Tür. Und dann übergebe ich mich. Ich versuche, die Augen zu schließen. Wieder übergebe ich mich. Ich liege neben dem Klo auf dem Boden. Im Haus ist es still. Ich möchte baden. Ich wage es nicht, ein Bad zu nehmen. Ich fühle mich zu elend, um mich zu rühren. Noch immer habe ich das Nachthemd in der Hand. Ich wische mir damit das Gesicht ab, doch es stinkt so, daß ich mich wieder übergeben muß. Ich schiebe es so weit von mir wie möglich. Ich liege zwischen dem Klo und der Außenwand des Hauses. Mir ist so kalt. Ich muß hier weg, bevor er raufkommt und mich findet. Ich will ihn nie mehr sehen. Ich will nicht, daß er mich hier findet.

8.3 Ich will mich waschen. Ich will diesen Gestank von meinem Körper loswerden. Ich will mich zwischen den Beinen waschen. Rasch. Rasch. Jede Minute kann er die Treppe raufkommen. Die Tür ist verriegelt. Er wird mich zwingen, sie ihm zu öffnen. Rasch. Die Waschlappen hängen über der Wanne. Ich weiß nicht, ob ich mich aufrichten kann. Ich weiß nicht, ob ich hinreichen kann. Ich muß. Rasch.

8.4 Heißes Wasser. O, ich möchte ewig hierbleiben und warme Waschlappen drauflegen, wo es so weh tut. Mein Gesicht im Spiegel sieht schrecklich aus. Wer ist es, die mich da anstarrt? Ich weiß nicht, wer das Mädchen im Spiegel ist. Wo bin ich? Warum sehe ich mich nicht im Spiegel? Ich höre, wie er die Kellertreppe heraufkommt. Zu spät. Er knallt die Tür zu. Was treibst du hier? Nichts. Hab' ich dir nicht gesagt, du sollst dich ins Bett scheren? Mach, daß du rauskommst, und verzieh dich ins Bett. Sofort. Hörst du mich? Sofort!

8.5 Bett. Ich kann nicht schlafen. Ich will nicht schlafen. Ich will darüber nachdenken, was das alles bedeutet. Ich will überhaupt nicht mehr denken. Da ist kein Mond heute nacht, der mir hilft. Die Straße unter meinem Fenster ist verlassen. Die Männer sind fort. Aus dem Elternschlafzimmer dringt kein Laut. Eine oder zwei meiner Schwestern schnarchen. Jemand dreht sich um, und die Sprungfedern ächzen. Ich ziehe die Decke fest um mich. Ich kann gar nicht aufhören zu zittern. Ich kann einfach nicht warm werden. Das Zimmer ist dunkel. Meine Welt ist dunkel. Ich weiß nicht, wie ich noch leben kann. Ich weiß nicht, wie ich dem Morgen begegnen kann.

8.6 Ich denke ans Sterben. Ich grüble, wie ich sterben könnte, was ich tun könnte, damit ich sterbe. Aber ich will nicht sterben. Ich will nur nicht mehr leben. So ein Unsinn, sage ich. Es muß einen Weg geben, damit zu leben. Es muß etwas geben, das ich tun kann. Was? Ich kann es niemandem erzählen. Es würde mir niemand glauben. Niemand glaubt, daß er mich schlägt. Ich will nicht eingesperrt werden. Ich weiß nicht, wie ich fliehen soll. Es gibt keinen Ort, wohin ich mich flüchten kann. Nicht mal Oma in Holland wird mir glauben. So etwas passiert nicht. So etwas passiert niemandem. Vielleicht habe ich mir das alles nur ausgedacht. Wenn ich mir das ausgedacht habe, warum tut es dann so weh? Also muß ich es wohl verdient haben. Wie kannst du so was verdienen? Ich grüble darüber nach. Gestern, als Mutti mir sagte, ich solle die Betten machen, hab' ich statt dessen erst mal eine Weile gespielt. Immerzu sehe ich mir die Bilder in den Büchern an, die ich unter seinem Kopfkissen finde, obwohl man mich ermahnt hat, das nicht zu tun. Fast hätte ich der Nonne in der Schule erzählt, was er mit mir tut. Fast hätte ich dem Pater gebeichtet, was er mit mir tut. So also straft mich Gott.

8.7 Dann hasse ich Gott auch. Ich will mit Gott nichts zu tun haben, wenn er zuläßt, daß Vati mir so was antut. Es tut mir leid, es tut mir leid, ich hab's nicht so gemeint. Bitte, Gott, straf mich nicht mehr. Ich werde lieber mit Maria reden. Sie wird für mich um Vergebung flehen. Ich kann's nicht mehr ertragen, Maria Muttergottes, bitte, mach, daß es aufhört. Bitte Jesus, daß er macht, daß es aufhört. Ich will auch brav sein. Bitte, laß nicht zu, daß er mich weiterhin schlägt. Bitte. Ich will ganz, ganz brav sein. Ich will auch in der Kirche zuhören. Ich verspreche, daß ich in der Kirche nicht mehr an was anderes denken werde. Ich will jeden Tag einen Rosenkranz beten. Ich will auch zwei Rosenkränze beten. Ich will für die Seelen im Fegefeuer beten. Ich will so brav sein, daß du's kaum glaubst. Ich versprech's. Bitte, bitte, laß nicht zu, daß er mich weiterhin schlägt. Bitte.

8.8 Mein Schluchzen weckt eine Schwester. Was hast du? Warum sitzt du da? Du sollst doch ins Bett und schlafen. Es ist mitten in der Nacht. Ich kann nicht schlafen. Bist du krank? Ja. Ich bin krank. Was hast du? Ich weiß nicht. Ich bete. Ich dachte, es würde helfen, wenn ich bete. Niemand hört mich an. Niemand liebt mich. Ich fühle mich richtig krank. Soll ich Mutti holen? Nein? Nein. Du verstehst nicht. Wenn du krank bist, sollte ich Mutti holen. Nein. Nicht! Es wird mir schon besser gehen. Schlaf weiter. Ich will nur noch ein Weilchen beten, bis es mir besser geht.

8.9 Ich grüble lange. Warum ist die Welt so? Warum kann er tun, was er will? Warum kann ich nie tun, was ich will? Warum kann er mich schlagen, auch wenn ich nichts Böses getan habe? Warum gefällt es ihm, mich zu schlagen? Warum kann ich nicht mit jemand leben, der mich liebt? Und dann dämmert es mir. Ich bin gar nicht seine Tochter. Ich kann's nicht sein. Niemand behandelt so seine Tochter. Ich muß adoptiert sein. Unsinn. Du bist nicht adoptiert. Muß ich aber sein. Das würde es erklären. Wann wurdest du adoptiert? Du erinnerst dich an Dinge von damals, als du klein warst in Holland. Ansonsten macht das gar keinen Sinn. Vielleicht haben sie dich belogen. Vielleicht bin ich wirklich adoptiert. Ja. So ist es. Ich bin adoptiert.

8.10 Aber das bedeutet ja, daß es nicht aufhört. Das bedeutet, daß er mit mir machen kann, was er will. Ich bin nicht wirklich seine Tochter, aber er hat Rechte. Das bedeutet, daß es nie aufhören wird. Ich grüble, ob ich weglaufen könnte. Wohin könnte ich laufen? Wie könnte ich überhaupt aus dem Haus kommen? Ich taxiere das Fenster. Ich könnte auf das Verandadach klettern und dann am Baum runterrutschen. Ja, ich käme raus. Aber wohin dann? Ich kenne keinen Menschen, der mich aufnehmen würde. Alle halten mich für böse, weil ich böse Dinge über meinen Vati erzähle. Sie sagen, ich weiß ja nicht, was ich da rede. Sie sagen, ich bin undankbar. Sie würden mich heimschicken. Das wäre das Schlimmste. Wenn ich weglaufe und mich dann jemand nach Hause bringt, würde er mich bestrafen. Und ich will nicht, daß er mich noch einmal schlägt.

8.11 Ich muß etwas klarkriegen. Wie soll ich nur hier weiterleben? Ich kann's nicht mehr ertragen. Was kann ich tun? Es muß doch etwas geben, das ich tun kann. Ich kann bloß eines tun. Beten. Immerfort beten. Jedesmal, wenn er dir weh tut, bring deine Leiden als Opfer dar. So haben es die Heiligen gemacht. Aber ich bin keine Heilige. Bin ich doch. Sei nicht albern. Du bist keine Heilige. Aber ich bin eine Märtyrerin. Genauso haben Märtyrer gelitten. Nein. Märtyrer hätten nie zugelassen, daß er das tut, was er heute nacht getan hat. Du hast es zugelassen. Du bist schlecht. Bitte lieber um Vergebung. Auf deinen Knien.

8.12 Ich knie neben dem Bett, die Decke um meine Schultern. Ich bitte um Vergebung meiner Sünden. Ich bete, daß Maria Muttergottes verstehen wird, warum ich zulassen mußte, daß er mir so etwas antut. Ich hatte nicht die Absicht, es zuzulassen. Ich wollte es ja nicht zulassen. Ich weiß, ich hab's getan, aber nur, damit er mich nicht mehr schlägt. Ich bitte um Vergebung und daß sie verstehen wird, daß ich nicht den Mut eines Märtyrers habe. Ich will nicht, daß man mir weh tut. Ich kann's nicht ertragen, wenn er mir weh tut. Ich hab' solche Angst. Ich hoffe, sie wird ihren Sohn bitten, mir zu vergeben, daß ich ein Feigling bin. Ich hoffe, ich habe keine Todsünde begangen, weil ich ihm nicht Einhalt gebieten konnte.

8.13 Ich liege im Bett. Der Himmel sieht jetzt heller aus. Es wird bald Morgen. Sonntag will ich in die Kirche gehen und beten wie noch nie. Ich möchte, daß mir meine schrecklichen Sünden vergeben werden, die ich begangen habe. Ich möchte, daß mir vergeben wird, weil ich Gott nicht mehr lieben kann. Ich habe Maria Muttergottes gesagt, daß ich nie wieder zu Gott beten könne. Ich wolle zu ihr beten und hoffe, das werde reichen. Ich kann noch immer nicht schlafen. Ich sehe ihre Statue auf dem Regal. Die Statue, die mir meine Oma zur Ersten Kommunion geschenkt hat. Ich will dich von ganzem Herzen lieben, sage ich zu ihr. Ich brauche dich so sehr. Ich brauche eine, die mich anhört. Bitte.

8.14 Ich höre, wie die Kleinen aufstehen. Füße tappen auf dem Boden und nach unten ins Badezimmer. Ich drehe mein Gesicht zur Wand. Ich will nicht aufstehen. Aber es ist Sonntag. Ich muß mich für die Kirche fertigmachen.

8.15 Der Weg zur Kirche dauert ewig. Ich schlurfe mit den Füßen durch den Kies. Ich schaffe es nicht, meine Füße hochzukriegen und wie ein normaler Mensch zu gehen. Es tut mir überall weh. Ich will nicht, daß mich irgendwer sieht. Sie werden wissen, was ich getan habe. Sie werden's wissen. Wenn ich die Augen weiter auf meine Schuhe richte, kann ich es bis zur Kirche schaffen. In der Kirche kann ich mit gesenktem Kopf beten. Ich brauche niemanden anzusehen.

8.16 Aber niemand nimmt von mir Notiz. Ich höre, wie sich mein Vater nach der Kirche mit jemandem unterhält. Sie stehen auf den Stufen, ich sitze noch immer auf der Kirchenbank. Ich will nicht eher aufstehen, bis er gegangen ist. Alles scheint normal. Nur ich bin nicht normal. Nur ich. Etwas stimmt nicht mit mir. Ich versuche, mit der großen Marienstatue zu sprechen. Ich möchte eine Kerze anzünden. Ich glaube, das wird helfen. Ich weiß, daß es Geld kostet, und ich habe keins. Ich muß unbedingt eine Kerze anzünden.

Nichts ist jetzt wichtiger. Wenn es mir gelingt, daß diese kleine Flamme weiterbrennt, kann ich mich vielleicht selbst überzeugen, daß ich noch immer lebendig bin. Vielleicht würde es das bewirken, was die Gebete heute morgen offenbar nicht bewirkt haben. Ich gehe ein großes Risiko ein. Niemand ist mehr in der Kirche. Ich verlasse die Kirchenbank und entzünde an dem Platz unter ihrer Statue eine blaue Wachskerze. Ich verspreche, ihr die fünf Cent zu geben, sobald ich sie habe. Ich habe mir vorgenommen, falls man mich ertappt, werde ich so tun, als hätte ich die Münze bereits in die kleine Schachtel gesteckt, oder ich werde so tun, als wüßte ich nicht, daß man ein Geldstück braucht, um eine Kerze anzünden zu können. Es ist so wichtig, eine brennende Kerze zu haben. Ich werde allen etwas vorflunkern. Es ist mir egal, was sie sagen. Es ist eine Sache auf Leben und Tod. Mein Leben, mein Tod.

8.17 Ich verlasse die Kirche und gehe nach Hause. Ein sonniger Frühlingstag. Er kommt mir nur nicht sonnig vor. Es kommt mir nicht richtig vor, daß die Sonne überhaupt scheint. Ich gehe zur Hintertür und betrachte das Haus. Es sieht genauso aus wie gestern. Das Badezimmerfenster steht offen. Ich höre, wie meine Mutter eins der Kinder ruft. Ich höre, wie klappernd der Frühstückstisch gedeckt wird. Der Plattenspieler spielt klassische Musik. Meine Mutter sagt, er soll die Musik leiser drehen. Das gleiche Ritual, die gleichen Geräusche, alles das gleiche wie letzten Sonntag und all die anderen Sonntage, an die ich mich erinnere, seit ich in diesem Haus lebe. Warum kommt es mir vor wie ein fremdes Land? Was stimmt nicht mit mir?

8.18 Meine Mutter ruft meinen Namen. Ich tu so, als höre ich's nicht. Ich bin entschlossen, nicht eher reinzugehen, bis alle am Tisch sitzen. Dann werde ich mich auf meinen Platz setzen. Dann muß ich mit niemandem reden oder niemanden ansehen. Sie schickt jemanden nach mir. Ich komme sofort. Sie will, daß du jetzt kommst. Ich weiß, ich komme in einer Minute. Was hast du? Warum antwortest du nicht, wenn sie dich ruft? Ich komme sofort. Laß mich in Ruhe.

8.19 Frühstück. Was ist mit dir los? fragt er. Nichts. Sitz gerade. Wo bist du gewesen? Ich antworte nicht. Er fragt noch einmal. Seine Frage klingt drohend. Wo bist du gewesen? In der Kirche. Was wolltest du da? Ich will ihm nicht antworten. Ich will ihn nicht ansehen. Ich will ihm nichts von der blauen Wachskerze erzählen und von Maria Muttergottes und davon, wie sie mich am Leben erhalten. Schließlich sage ich, beten. Und er lacht.

8.20 Meine Mutter ist außer sich. Will, daß er aufhört zu lachen. Gestern nacht war sie nicht außer sich. Warum ist sie jetzt außer sich? Gestern nacht war es Vergewaltigung. Das hier ist ein Sakrileg.

8.21 Nach dem Abwasch des Frühstücksgeschirrs gehe ich nach oben. Ich mache sämtliche Betten und lege mich dann auf meins. Vielleicht kann ich schlafen. Vielleicht kann ich vergessen. Aber meine Gedanken wollen nicht weichen. Es ist zu gefährlich, meine Augen zu schließen. Immer sehe ich Bilder. Bilder von dem Mann mit der goldenen Uhrkette. Ich rieche seine Zigarre. Ich rieche seinen Atem. Mein Magen schmerzt noch immer. Ich hoffe, daß ich krank werde und sterbe. Ich hoffe, es geschieht bald. Ich glaube nicht, daß ich das hier ertrage.

9

9.1 *Schweigen. Das sechste Tor.* Jahre des Schweigens. Schweigen umhüllt das Leben wie ein Kokon. Ich lerne in einer Welt zu leben, in der nichts so ist, wie es scheint. Nichts ist so, wie es meines Erachtens sein sollte. Schweigen. Angst. Es ist hoffnungslos. Ein grundloser Abscheu vor sich selbst. Mit jedem Jahr größerer Selbsthaß. Mit mir stimmt etwas nicht. Alle sagen mir das. Die Welt ist nicht so, wie du sie dir zurechtspinnst. Alles hast du dir zurechtgesponnen. Deine Schmerzen sind reine Spinnerei. Du bist ein Spinner. Du bist verrückt.

9.2 Leben als Leere. Leben als schwarzes Loch im Weltraum. Die ganze Erinnerung, die ganze Verrücktheit weit hinten in meinem Kopf abgelegt. Nie werde ich sie rauslassen. Ich versprech's. Ich will nicht, daß irgendwer weiß, wie verrückt ich in Wirklichkeit bin. Ich will nicht, daß irgendwer weiß, wie ich mir das, was im Keller passiert ist, zurechtgesponnen habe. Vati war am Tag darauf nicht anders als sonst, seine Freunde waren nicht anders, als ich sie das nächste Mal bei Tageslicht sah. Ich hab' mir das zurechtgesponnen. Nichts ist passiert. Ich bin diejenige, welche. Ich bin krank.

9.3 Merkwürdig, egal was es ist, immer sagt meine Mutter, daß ich mich irre. Nichts ist so wie in meiner Erinnerung. Ich hatte keine Kindheit. Eines Morgens wachte ich auf – vierzig Jahre alt. Nichts war vorher gewesen. Einige meiner

Schwestern hatten eine Kindheit. Sie reden mit meiner Mutter über ihre Erinnerungen, und sie sagt ihnen nicht, daß sie sich irren. Nur ich irre mich.

9.4 Meine Mutter läßt mich fallen. Ich bin ohne Bedeutung. Sie sagt mir, sie habe keine Tochter in meinem Alter. Sie sagt, daß ich immer ein böses Kind war und als Frau ein Miststück bin. Stunkmacherin. Lügnerin. Böses, böses Kind. Da ist nichts zwischen uns, nie gewesen. Außer meiner Sehnsucht, die Sehnsucht einer Vierjährigen nach ihrer Mutter. Es ist nicht wohltuend, wenn sie bei mir ist. Sie hat mir nichts zu sagen. Sie will nichts von mir.

9.5 Ich suche nach meiner Mutter. Ich würde mich weniger verrückt fühlen, hätte ich nur die Erinnerung an eine Mutter, die mich einmal liebte. Jahrelange Suche führt mich zu der Frau, die mir in jener Nacht im Keller nicht helfen konnte. Die Frau, die sich verdrückte, weil das die einzige Möglichkeit war, die sie hatte. Entweder siehst du zu, wie sie deine elfjährige Tochter vergewaltigen, oder machst Kaffee. Das kann ich ihr verzeihen. Ihr etwas anderes zu verzeihen, bereitet mir viel mehr Probleme: Sie sagte, er habe ihr erzählt, daß es mir gefallen hat, und das hat sie ihm geglaubt. Wieder mal. Sie glaubt noch heute, daß ich bereits mit dem Gefallen an Vergewaltigung geboren bin. Ich bin als Frau geboren. Ich bin als Nutte geboren. Manche Frauen sind eben so geboren, hat er gesagt.

9.6 Vor zwei Jahren habe ich meiner Mutter von der Gewalt erzählt, mit der Frauen zum Geschlechtsverkehr gezwungen werden. Ihr Mund wurde ganz schmal. Ihr Körper steif. Ach, tatsächlich? sagte sie in einem Ton, der besagte, daß sie mir kein Wort glaubte. Ein Ton, der besagte: Dies ist bloß wieder eine dieser Lügen, mit denen du Stunk machen willst.

9.7 Fast mein Leben lang bin ich eine Waise gewesen. Eine Waise. Aber das ist ja Unsinn. Wieder eine dieser verrückten Ideen. Meine Schwestern reden über ihre Eltern, und ich weiß nicht, wen sie meinen. Keine Person, die ich kenne. Ich habe keine Eltern. Ich hatte einmal einen Vater. Der hat mich an seine Freunde verkuppelt, mich an einen alten Kerl zu verschachern versucht, weil er mich aus dem Haus haben wollte. Miststück. Elendes Miststück. Wie kannst du so was von deinem Vater sagen. Der heilige Vater. Vati, der, der dich liebt. Er liebt dich wirklich, weißt du. Das hat er mir gesagt, sagt eine Schwester zu mir. Merkwürdig. Mir hat er das nie gesagt.

9.8 Das einzige Mal, daß ich ihn bekümmert sehe, ist nach dem Tod meiner jüngsten Schwester. Da sehe ich ihm an, daß er sich wünscht, ich wäre tot. Genau das denkt er: Verflucht, ich wünschte, daß du es wärst. Kein Hahn würde nach dir krähen. Wir alle haben sie geliebt. Warum konntest du es nicht sein, das Miststück, statt dieses süßen einundzwanzigjährigen Kindes, für das sich das Leben so lohnte. Ich sehe es in seinen Augen. Ich habe mich nie geirrt mit dem, was ich in seinen Augen sehe. Liebe ist es nie. Es ist Haß, und es ist Schuldgefühl. Nichts sonst.

9.9 Vati begrüßt mich an meinem fünfunddreißigsten Geburtstag: Schafft mir das verdammte Miststück aus den Augen. Vati begrüßt mich an meinem sechsunddreißigsten Geburtstag, als er betrunken ist: Du mußt mal ordentlich durchgefickt werden, und Vati ist der beste Mann dafür. Ich hab' dir immer gezeigt, wie man echten Spaß hat. Du bist nie dankbar gewesen. Miststück. Undankbares Miststück.

9.10 Undankbares Miststück. Schweigen. Ich stehe da und höre ihm zu. Schweigend. Was kann ich sagen, das irgend etwas ändern würde. So stehe ich mit elf vor ihm. Ich habe noch immer Angst. Ich gehe einfach weg. Ich schweige. Er brüllt mir nach. Du kommst schon noch, sagt er. Ein Fest im Garten hinter dem Haus. Dutzende von Leuten, meine Mutter, die Schwestern, Verwandte, Kinder. Du kommst schon noch, weil du scharf bist auf das, was Vati dir geben kann. Sie lachen über seinen Witz. Der größte Witz. Sie denken, er meint das ja nicht. Ich schweige. Ich habe Angst. Auch das habe ich mir zurechtgesponnen. Mit sechsunddreißig spinne ich mir noch immer so merkwürdige Dinge über Vati zurecht. Ich gehe nach Hause – übergeschnappt. Wieder einmal.

9.11 Mit fünfzehn bringt mich meine Mutter zu einem Arzt. Sie beklagt sich über mein merkwürdiges Verhalten. Sie streitet mit ihrem Vater. Sie will sich nicht anpassen. Sie will sich nicht rühren und nichts tun. Nein. Nicht mehr. Nicht, seit er versucht hat, mich zu erwürgen. Hände um meine Kehle. Ich werde der Welt einen Gefallen tun, sagt er. Ich werde dieses Stück Scheiße beseitigen. Genau das bist du. Scheiße. Abschaum. Zu nichts nütze. Verrückt. Ich kann nicht atmen. Er will mich nicht leben lassen. Also kann ich auch sterben. Ich habe keine Angst mehr zu sterben. Da ist nichts, wofür sich das Leben lohnt. Der Arzt kommt zu dem Schluß, daß ich depressiv bin, ohne jeden Grund. Er verschreibt Valium. Ich kann den Blick nicht konzentrieren. Aber unkonzentriert fühle ich mich besser. Ich will nicht leben. Wenn ich meine Pille nehme, tue ich nichts, um zu sterben.

9.12 Wann immer ich fühle, wie die Verrücktheit hochkommt, nehme ich eine Pille, und die verrückten Gedanken driften in den Hintergrund.

9.13 Ich wandle durch meine Tage wie ein Schatten meiner selbst. Ich will nicht ich selbst sein, also spielt es keine Rolle. Wenn ich von der Arbeit heimkomme, gehe ich über die Brücke und denke jeden Tag, daß ich runter in den Fluß springen werde, aber ich habe nicht die Energie, mich über das Geländer zu schwingen. Das Wasser im Fluß versiegt. Ich würde mir nur weh tun, ich würde nicht ertrinken. Dann ist da der Bus. Wenn ich mich vor den Bus stürzte, würde es weh tun? Ich will nicht noch mehr leiden. Jeden Tag bereite ich mich darauf vor, daß es mein letzter ist. Ich habe nicht die Energie, mir in bezug aufs Sterben etwas einfallen zu lassen. Ich kann nur an den Bus und den Fluß denken. Aber ich will ja mein Leben nicht beenden. Ich will nur fort von zu Hause, von meinem Vater.

9.14 Es ist Frühling. Bei einem Schulfest finde ich einen Freund. Jemand mag mich. Was will er? Er mag mich? Unmöglich. Niemand mag mich. Ich bin nicht liebenswert. Ich traue ihm nicht. Je mehr er mich mag, desto weniger traue ich ihm. Der Kampf mit meinem Vater eskaliert. Ich darf nicht mehr ausgehen. Nur noch für eine Stunde. Ich darf nur bis halb zehn zum Tanzen gehen. Er sagt, ich könne es womöglich im Auto treiben. Er würde seine Hand nicht dafür ins Feuer legen. Er wolle nicht, daß ich es verschwende. Was verschwende?

10

10.1 Träume. Träume von einer Zukunft. Einer anderen Zukunft als der, zu der sie mich alle verurteilt haben. Sie alle, mein Vater, die Nonnen, der Priester und meine Mutter, sagen, ich werde mal eine Gebärerin, die dazu bestimmt ist, dem Mann, dem ich gehöre, jeden gewünschten Dienst zu erfüllen. Ich muß einzig und allein gehorchen. Mein Vater drillt mich zu gehorchen. Gehorchen und schweigen. Wer hat nach deiner Meinung gefragt? Wer hat gesagt, daß es dir gefallen sollte? Wer hat dir erzählt, daß es je anders sein würde?

10.2 Meine Träume. Träume von einem Leben: frei. Kein Vater, kein Gatte, kein Mann. Frei, die zu sein, die ich bin. Die ich bin? Träume. Ich bin ein Konstrukt aus ungelebten Träumen. Wen sehe ich in diesen Träumen? Eine Frau, stark, gesund, vernünftig und glücklich. Eine Frau, die Macht hat und großzügig ist. Träume.

10.3 Anfangs sind meine Träume zaghaft, klein. Ich träume nur, hier wegzukommen. Lebend. Ich ersinne den Plan zu heiraten. Ich weiß keine andere Möglichkeit, von meinem Vater wegzukommen. Mit fünfzehn fasse ich diesen Plan. Mit achtzehn bin ich verheiratet. Vater zum Ehemann: Außer ihrem Vater hat sich nie einer an ihr vergriffen. Der Ehemann hielt es für einen Witz. Ich wußte, daß er log.

10.4 Aber die Ehe ist nicht die Freiheit, die ich mir erträumt habe. Wie hätte ich wissen können, daß ich in eine neue Falle getappt war? Er sagte, er wolle mich lieben und beschützen und für mich sorgen. Ich glaubte ihm.

10.5 Kannst du die Wohnung nicht sauberhalten? Kannst du nicht dafür sorgen, daß ich saubere Hemden und Socken habe? Warum habe ich dich geheiratet, wenn du hier nicht mal die einfachsten Dinge erledigst? Er sagte, er würde mir helfen, von meinem Vater wegzukommen, als Gegenleistung hat er die Dienste einer Ehefrau erwartet. Als ich sah, was ich getan hatte, daß ich aufs neue angekettet war, weinte ich. Ich war verloren. Es gab keine Hoffnung. Vati hatte recht. Ich mußte nur schweigend gehorchen, und mein Mann war glücklich. Mach dir nichts draus, du brauchst gar nicht glücklich zu sein, du bist meine Frau, macht dich das nicht schon glücklich genug?

10.6 Andere Träume. Träume von genügend Geld, so daß ich allein leben kann. Träume von einer Welt ohne männliche Versorger. Träume von einer Welt, in der ich in Freiheit leben kann. Doch wie sieht so eine Welt aus, wenn du achtzehn und voller Ängste bist? Ich kann mir keine Welt vorstellen, in der ich tun kann, was ich will. Alles beweist das Gegenteil. Ich kenne nur Frauen, die verheiratet sind oder bald heiraten werden. Ich kenne ein paar Witwen, aber die sind mit der Erinnerung an ihre Männer verheiratet. Ich kenne keine einzige Frau, die frei ist, keine einzige Frau, die allein lebt, weil sie es will. Man hat mir versichert, daß es sie gibt.

10.7 Ich habe nichts gelernt. Ich kann nicht genug Geld verdienen, nicht mal ein Minimum, um mir irgend etwas zu leisten oder mich gar zu ernähren. Ich habe Angst, allein zu sein. Ich habe Angst, allein auszugehen, würde kein Restaurant betreten. Ich kenne niemanden. Ich verbringe meine Tage, indem ich Pillen schlucke, auf dem Bett liege, die Dekke anstarre und weine. Schließlich lese ich den ganzen Tag. Ich koche nicht, ich weigere mich zu putzen. Ich ziehe mich nicht an. Wenn mein Mann von der Arbeit heimkommt, lege ich das Buch beiseite, das ich gelesen habe, und weine. Ich klebe das ganze Wochenende an ihm. Du hast gesagt, du würdest mich retten. Warum rettest du mich dann nicht? Du bist krank, sagt er. Ich weiß nicht, warum ich je scharf darauf war, dich zu heiraten. Du bist krank und zu nichts nütze.

10.8 Dies ist nicht das, was ich mir erträumt habe. Hier, nimm diese Pillen, sagt er. So ist das Leben. Du kannst nicht vor dem wahren Leben davonlaufen. Warum ist es das wahre Leben für mich und für ihn nicht? Weil er ein Mann ist, und weil das nun mal so ist. Warum bin ich dann nicht als Mann geboren? Ich will die gleichen Dinge tun wie er. Warum kann ich das nicht? Du kannst ja nicht mal aus dem Bett kommen. Was meinst du damit, du willst die gleichen Dinge tun wie er? Werde ich gefragt. Ich will ein wirkliches Leben. Ich will mit meinem Leben etwas anfangen. Aber klar doch, Schatz, du kannst seinen Haushalt führen, du kannst dich um seine Kleidung kümmern, damit er immer gut aussieht. Du kannst auf dein Heim stolz sein. Du kannst seine Kinder austragen.

10.9 Seine Kinder. Willst du nicht ein Kind von mir? Nein. Wie gräßlich, so was zu sagen. Warum nicht? Ich will von niemandem ein Kind. Ich bin nicht bereit, ein Kind zu haben. Ich werde nie bereit sein, ein Kind zu haben. Ich will ein eigenes Leben, ich will kein Kind. Du bist krank, genau das bist du, sagt er. Es wird Zeit, dich kurieren zu lassen. Es geht jetzt schon viel zu lange so. Ich hätte dich schon längst zu einem Seelenklempner bringen sollen. Ich hoffe, die können dich kurieren. Ich hoffe, die können dir das Heulen und

Greinen austreiben. Ich werde einen Termin vereinbaren und dich selbst hinbringen.

10.10 Nein. Alles andere, bloß das nicht. Glaubst du, daß ich verrückt bin? Ach bitte, sag nicht, du glaubst, daß ich verrückt bin. Nicht verrückt, sagt er, krank. Ich werde ganz lieb sein. Ich werde auch nicht mehr weinen, wirklich nicht. Nur schick mich nicht zu einem Seelenklempner. Na gut. Aber ich will, daß sich hier was ändert. Ich will, daß die Wohnung blitzblank ist. Ich will, daß mein Essen fertig ist, wenn ich von der Arbeit nach Hause komme. Ich will nie wieder mit dir über die Wäsche reden müssen. Ich will, daß alles gewaschen und gebügelt ist. Ich werde ganz lieb sein, wirklich, ich werde ganz lieb sein. Und ich will, daß wir ein Kind machen. Ich glaube, das ist es, was du brauchst. Ich glaube, das wird dir deinen Unsinn austreiben.

10.11 Unsinn? Was ist mit meinem Schmerz? Er sagt: Wenn du erst ein Kind hast, hast du keine Zeit mehr, über etwas anderes nachzudenken als über das Kind. Ich will kein Kind. Nicht jetzt, nie. Ich sage ja, du bist krank. Jede Frau will ein Kind. Das ist ganz natürlich. Du kannst nicht kein Kind wollen, es sei denn, du bist krank. Ich werde deinen Arzt anrufen, er wird mir jemanden empfehlen. Wir werden dich kurieren lassen. Dann werden wir fünf Kinder machen. Ich wollte schon immer fünf Kinder haben. Und du wirst meine gute kleine Frau sein und eine gute kleine Mutter. Du wirst sehen. Der Seelenklempner kann dich kurieren, so daß du normal bist und eine gute Frau und Mutter.

10.12 Ich habe den Termin vereinbart, sagt er. Nächsten Freitag gehen wir hin und lassen dich kurieren. Ich will da nicht hingehen. Das beweist ja, wie krank du bist. Sie haben gesagt, daß du womöglich nicht mitmachst. Ich soll anrufen, wenn du nicht mitmachst. Und was dann? Sie wollen mir irgendwelche Pillen für dich geben. Andere Pillen als die, die du jetzt nimmst, damit du keine Angst mehr hast, zum Arzt zu gehen. Sie haben gesagt, sie könnten dir helfen. Willst du nicht lernen, normal zu sein? Ich will, daß der Schmerz aufhört. Welcher Schmerz? Der Arzt sagt, daß du nichts hast. Kranke Leute wie du haben immer eingebildete Leiden.

10.13 Träume von einer Kiste. Der Deckel der Kiste wird über meinem Gesicht zugenagelt. Träume von einem Flugzeugabsturz. Mein Vater ist tot. Mein Vater überlebt wundersamerweise. Mein Vater stirbt nicht. Stirb, du Verfluchter, stirb. Red nicht über diese Träume. Erzähl niemandem davon. Sie werden sagen, du bist verrückt. Frauen wie dich sperren sie ein. Der Seelenklempner fragt: Träumen Sie? Nein. Ich träume nie. Ich alpträume. Sag das bloß nicht. Halt deinen Mund. Nein, ich weiß nicht mehr, um was es da ging. Warum wollen Sie nicht nett sein zu Ihrem Mann? Mögen Sie ihn nicht? Er ist ganz in Ordnung. Er ist eben nur nicht das, was ich mir vom Leben wünsche. Und was wünschen Sie sich? Ein wirkliches Leben. Ein eigenes Leben. Aber sicher, eine Frau und eine Mutter, das ist für die meisten wirklich genug. Warum ist es für Sie nicht wirklich genug? Es ist nicht genug. Mit meinem Leben will ich, daß ich jemand bin. Das ist ausgezeichnet. Eine gute Frau und eine gute Mutter, so wie Gott Sie geschaffen hat. Nein. Das ist nicht genug. Ich will das ganz und gar nicht. Warum haben Sie dann geheiratet? Um von zu Hause wegzukommen. Probleme mit Ihrer Mutter? Nein. Probleme mit meinem Vater. Was für Probleme? Ich weiß nicht. Dann muß es wohl doch mit Ihrer Mutter zu tun gehabt haben. Nein. Nun, meine Liebe, ich glaube, daß wir Ihnen helfen können. Ich möchte, daß Sie viermal täglich diese Tabletten einnehmen. Ich werde mit Ihrem Mann reden, um sicherzugehen, daß Sie meine Anweisungen auch befolgen. Ich möchte, daß Sie nächsten Freitag wieder zu mir kommen. Noch einmal? Ich dachte, Sie sollten mich kurieren. Aber sicher, meine Liebe, doch das braucht Zeit. Sie meinen, ich muß weiter herkommen? Gewiß, ist das ein Problem? Aber hier sind ja lauter Verrückte, ich bin nicht verrückt. Natürlich nicht, Liebe. Bis nächsten Freitag.

10.14 Pillen. Keine Tränen mehr. Tage verschmelzen zu Monaten. Es kümmert mich nichts. Freitags besuche ich den Seelenklempner, der einzige Tag, an dem ich ausgehe. Außer sonntags, da gehe ich zur Kirche. Ich kann nicht lesen. Meine Augen können sich nicht konzentrieren. Der Seelenklempner kommt zu dem Schluß, daß ich meine Mutter nicht mag. Versucht, mit mir über meine Mutter zu reden. Ich weigere mich. Er droht mir. Wenn ich nicht mitmache, wird er mich einliefern lassen müssen, zu meinem eigenen Besten. Ich denke mir für ihn etwas aus. Da nickt er in seinem Sessel, macht sich Notizen auf einem gelben Block. Die Zeit ist um, bis nächsten Freitag also. Hier ist Ihr Rezept. Nichts ändert sich. Das neue Rezept verschreibt mir stärkere Pillen. Es ist so schön, weggetreten zu sein. Nichts kümmert mich. Ich kann es jetzt sogar über mich bringen, mit meinem Mann zu schlafen, sofern ich eine halbe Stunde vorher eine Pille schlucke. Er ist zufrieden. Er berichtet dem Seelenklempner von dem Fortschritt, den ich gemacht habe. Beide sind sie zufrieden.

10.15 Der Seelenklempner sagt, es gehe mir besser. Solange ich die Tabletten einnehme, wird es mir gut gehen. Ich werde die Tabletten noch sehr lange einnehmen müssen, vielleicht auch immer. Bei solchen Fällen kann man das nie voraussagen. Er bestellt meinen Mann in seine Praxis. Wir werden miteinander ein Gespräch führen, sagt er. Er schildert meinen Fortschritt, daß es mir so gut geht wie überhaupt möglich. Sein Rat ist, ich solle möglichst rasch ein Kind bekommen. Sie weigert sich, schwanger zu werden, sagt mein Mann. Der Seelenklempner sagt, er glaubt, daß ich mich jetzt anpassen und alles tun werde, was mein Mann will. Denn sie weiß ja, was mit ihr passiert, wenn sie es nicht tut. Er blickt mich an, um zu sehen, ob ich ihn verstanden habe. O ja. Ich werde ganz lieb sein. Und wie soll ich sie schwängern, wenn sie sich weigert? Tun Sie, was Sie tun müssen, schwängern Sie sie einfach. Das ist alles, was sie braucht. Und geben Sie acht, daß sie ihre Tabletten einnimmt.

10.16 Es gelingt mir, meinem Mann einzureden, daß er den Versuch, mich zu schwängern, bis nach unserem Umzug verschiebt. Es würde mir allzu schlecht gehen, erkläre ich. Ich möchte mich nicht ständig übergeben müssen, wenn soviel Arbeit zu tun ist. Ich wäre nicht in der Lage zu putzen oder zu packen. In diesem Fall läßt es sich verschieben. Ich zerbreche mir den Kopf, das Unvermeidliche weiter hinauszuschieben. Warum sitze ich ständig in der Falle? Weil du eine Frau bist. Das ist keine Falle, das ist nur deine Dummheit oder dein krankhaftes Geschwätz. Das ist ein normales Frauenleben, das hat schon seine Richtigkeit, nur mit dir hat vieles nicht seine Richtigkeit. Aber wenn mit mir vieles nicht seine Richtigkeit hat, ist es doch gefährlich, ein Kind zu bekommen. Nein, sagt er, er hätte den Arzt gefragt, es würde dem Kind nicht schaden. Und mir? Wird es mir schaden? Natürlich nicht, Dummchen. Alle normalen Frauen haben Kinder. Auch wenn sie das nicht wollen?

10.17 Im Spätherbst beschließt er, daß es Zeit ist, mich zu schwängern. Er ist sehr gut organisiert. Er hat entschieden, wie das vonstatten gehen wird. Er wird zweimal täglich mit mir schlafen, bis ich schwanger bin. Falls ich nicht mitspiele, wird er mich wieder zum Seelenklempner bringen. Was heißt, wenn ich nicht tue, was er will, wird er mich einliefern lassen. Zu meinem eigenen Besten. Er wird jeden Tag mittags nach Hause kommen. Ich soll ein Sandwich auf dem

Tisch haben, und ich soll nackt auf dem Sofa liegen. Er wird sein Sperma deponieren, sein Sandwich essen und wieder zur Arbeit gehen. Nach dem Abendessen wird er es noch einmal tun.

10.18 Warum ist es immer das gleiche? Mach deine Beine breit. Tu, was man dir sagt, sonst tu ich dir weh. Willst du mich nicht befriedigen? Und was ist mit mir? Was soll mit dir sein? fragt er. Sollte es für mich nicht auch schön sein? Das ist nicht wichtig, wichtig ist, daß du tust, was man dir sagt. Wir versuchen ja, dir zu helfen. Mach die Beine breit. Hast du heute deine Tabletten eingenommen? Warum heulst du dann wieder?

10.19 Schwanger. Übelkeit. Fühle mich elend. Warum muß ich dies hier tun? Warum kann ich nicht sagen, was ich mit meinem Leben anfangen möchte? Warum trifft dauern jemand die Entscheidung für mich? Werde ich denn nie frei sein? Frei? Was ist das, frei? Kein Mensch hat die Freiheit, zu tun, was er will. Vielleicht wenn ich mich zur Ruhe setze, sagt er. Wann ist das? Fünfunddreißig Jahre? Und was ist mit mir? Frauen setzen sich nicht zur Ruhe. Dies ist dein Leben, etwas anderes gibt es nicht. Davon zu träumen macht dich nur krank.

10.20 Träume und Schwangerschaft. Träume vom Flüchten. Träume vom Weglaufen. Wohin, wohin? Fünf Kinder, sagt er. Wohin kannst du flüchten mit fünf Kindern? Ich will keine Kinder. Ich will mein eigenes Leben. Um was zu tun? fragt er. Ich weiß nicht. Wie oft hat er mich das gefragt? Immer dieselbe Antwort. Ich weiß nicht, was möglich ist. Ich weiß nicht, was ich tun will. Ich weiß nur, daß ich etwas anderes will als dies hier. Ich mag keinen Sex, ich mag ihm nicht den Haushalt führen, mag ihm nicht die Wäsche waschen, das Essen kochen. Warum bin ich überhaupt hier? Wohin kann ich sonst? Es gibt keinen anderen Ort, wohin ich gehen könnte. Ich kann nicht nach Hause. Ich habe kein Geld. Ich habe keine Freundinnen oder Freunde. Ich habe einen Mann, einen, der mich versorgt, der aufpaßt, daß ich meine Pillen schlucke und manchmal etwas esse. Ich habe Glück, sagt er, viele andere Typen hätten es keine fünf Minuten mit mir ausgehalten.

10.21 Wieder Träume von der Kiste. Der Deckel wieder zugenagelt. In der Falle für immer. So ist nun mal die Welt für Frauen. Dagegen anzukämpfen macht mich krank. Niemand versteht mein Problem. Und dann versteht es ein Buch. Betty Friedan versteht's. Da draußen ist noch eine. Aber es ist zu spät. Ich bin im neunten Monat schwanger. Jetzt in der Falle mit einem Kind. In der Falle für immer. Überhaupt keine Hoffnung.

10.22 Mein Sohn ist geboren. Ende August. Am nächsten Tag schrecke ich wieder aus dem Traum von der Kiste. Ich habe genug. Ich will nicht noch ein Kind. Ich will etwas tun. Ich will für mich selbst entscheiden. Ich werde niemandem etwas sagen. Ich habe mich entschieden. Rabenmutter. Rabenmutter. Ja, Rabenmutter. Aber ich habe mich entschieden. Ich werde fortgehen. Sie beide verlassen. Ich weiß nicht, wohin ich gehen werde, aber ich werde fortgehen. Ich werde nicht hierbleiben, um noch mehr Kinder zu kriegen. Um in der Kiste zu sterben. Um in der Ehe zu ersticken. Ich werde fortgehen. Was auch immer da draußen ist, schlimmer als dies hier kann es nicht sein. Ich habe keine Hoffnung. Ohne Hoffnung werde ich fortgehen. Mit nichts werde ich fortgehen.

11

11.1 Bitter. So bitter. Kein Grund, so bitter zu sein. Du haßt Männer. So unvernünftig. So ein Miststück. Weiß sich nicht anzupassen. Kann nicht ja sagen. Kann nicht lächeln. Nicht lieb. Ein Nichts von einsfünfundsechzig ohne Moral. Ein Miststück. Überhaupt kein Grund. Was haben Männer dir je getan? Nur weil du einen Schlimmen erwischt hast, heißt das nicht, daß sie alle so sind. Meinen Mann meinen sie. Ich weiß nicht, warum ich alle Männer hasse. Meinen Exmann meine ich nicht. Ich habe Angst. Kein Grund. Alles an mir ist unvernünftig.

11.2 Fünfundzwanzig, und noch immer hat sie schreckliche Alpträume. Fünfundzwanzig, und sie kann nirgendwohin allein gehen. Armes rührseliges Miststück. Jetzt wird sie nie einen Mann finden. Kann nicht lächeln, kann nicht mal höflich sein. Welch ein Dummkopf, ihren Mann zu verlassen. Welch ein gefährliches Miststück. Nur eine Rabenmutter würde ihr Kind verlassen, ihren nicht mal zwei Jahre alten Sohn.

11.3 *Das siebte Tor:* Sie macht eine Drogenkarriere mit Pillen und Alkohol. Sie ist siebenundzwanzig. Keine schrecklichen Alpträume, wenn du weggetreten bist. Den ganzen Tag verkatert, tagtäglich. An Pillen zu kommen ist ja so einfach, immer spendiert jemand Schnaps, wenn du in der Kneipe herumhängst. Suche nach einer Möglichkeit, das

Selbst, das ich nicht will, wegzuwerfen. Ich gable Typen in der Kneipe auf, werfe alles weg. Schlucke noch eine Pille, noch eine. Zerbrich dir nicht den Kopf übers Essen, massenhaft Kalorien im Schnaps und einen Teller Pommes Frites ein- oder zweimal pro Woche in der Kneipe. Sogar betrunken ist sie ein Miststück. Niemand will etwas zu tun haben mit einer Katastrophe, die Ausschau hält, wo sie niedergehen kann.

11.4 Weihnachten. Arbeite in Vatis Laden. Er lädt mich zum Kaffee ein. Sagt, er sieht, daß ich arm bin. Sagt, ich muß wohl nicht genug zu essen kriegen. Sagt, er sieht, daß mir die Haare ausfallen. Er hat eine Lösung. Wenn ich mitspiele. Ich könnte vor einigen Freunden posieren. Nackt. Sie würden gut bezahlen, und er würde dafür sorgen, daß ich eine Menge Geld hätte, Essen. Ich könnte mein restliches Schulgeld bezahlen, wenn ich zu seinen Freunden nett wäre. Ich glaube nicht, was ich da höre. Ich bin siebenundzwanzig. Ich sage nein. Du warst schon immer ein dummes Miststück, sagt er. Schon immer.

11.5 Wieder in der Schule. Nichts in den Büchern, die ich für den Unterricht lese, hat irgend etwas mit meinem Leben zu tun. Ein dummes Miststück. Eine Säuferin. Den ganzen Tag weggetreten. Warum kann sie nicht vernünftig sein und tun, was er will? Warum kann ich mich nicht zwingen, zu tun, was er will? Ich würde mich nicht so sehr abrakkern müssen, wäre nicht mehr so arm. Er bot mir noch einmal eine Chance, und ich ließ ihn abblitzen. Kummer. Dummes Miststück voller Kummer, fällt durch die Prüfungen ohne jeden Grund.

11.6 Ich gehe zur Studienberatung. Rede über die Schule. Rede nicht über Vati. Rede über Liebhaber. Rede nicht über Vati. Suche nach einer Möglichkeit, nüchtern zu bleiben. Rede nicht zu viel. Weine nicht. Schlucke Pillen, um Abstand zu gewinnen. Schlucke Pillen, damit die Probleme verschwimmen. Kann nicht lesen, kann nicht arbeiten, kann nicht denken. Schlucke noch eine Pille. Nur einen Drink. Denke, ich will mal schauen, wer heute abend in der Kneipe ist. Komme betrunken nach Hause. Allein. Schlucke eine Pille, damit ich schlafen kann, so betrunken bin ich ja nicht, es wäre auch egal. Und genauso am nächsten Tag und am nächsten und am nächsten. Was ist nur mit ihr los? Sie ist helle. Warum wirft sie ihr Leben weg? Dummes Miststück, kann ihren Scheiß nicht auf die Reihe kriegen. Nicht mein Problem. Ach, lad deinen Scheiß woanders ab, das interessiert mich nicht. Ertränken. Pillen, Schnaps und Kummer. Ertränken.

11.7 Es kümmert niemanden. Mich kümmert's nicht. Noch eine Pille. Noch ein Drink. Spül diese Frau runter. Es kümmert niemanden. Den nächsten Abfluß runter. Es kümmert niemanden. Mich kümmert's nicht.

11.8 Ich miete eine Schreibmaschine. Es ist Zeit, mit dem Schreiben anzufangen. Seite um Seite tippe ich Zahlen. Ich kann nicht erzwingen, daß die Wörter herauskommen. Schluck noch eine Pille. Dann schreib halt einen Brief, damit sich die Miete lohnt. Hallo, mir geht es gut. Ganz prima. Ich liebe die Schule. Ich habe viele Freundinnen und Freunde. Lügen. Schreib lieber Zahlen. Zumindest muß ich mich nicht zu den Lügen hinter den Zahlen bekennen. Ich weine in die Maschine. Ich bin zu nichts nütze. Wie er gesagt hat. Ein dummes, nutzloses, verderbtes Miststück. Ich kann nicht mal einen Brief schreiben. Ich kann nichts richtig machen. Ich bin zu dumm, irgend etwas hinzukriegen.

11.9 Nimm ein Bad. Denk dir aus, wie du sterben kannst. Schluck zwei Pillen vor dem Baden. Vielleicht enthalten die Pillen heute abend Mut. Es kümmert niemanden. Niemanden, mit dem ich geredet habe. Besuch das Kind, bevor du dich ausklinkst. Ja gut. Nicht heute abend. Werde mich heute abend nicht ausklinken. Versuche zu schlafen.

11.10 Ein Wochenende mit dem Kind. Ein fremdes Kind. Mein Sohn. Drei Jahre alt, zutraulich. Wer bist du? fragt er. Ich antworte, ohne es zu wissen. Warum bin ich hier? fragt er. Ich weiß nicht. Bist du meine Mami? Ich weiß nicht.

11.11 Ich bin keine Mami. Ich bin eine Versagerin. Ich versage in allem. Ich bin die einzige Person, die je mit so beachtlichem Erfolg versagt hat. Ich habe in meiner Kindheit versagt. Ich habe in meiner Ehe versagt. Ich habe als Mutter versagt. Ich habe in der Schule versagt. Ich habe sogar beim Selbstmord versagt. Ich habe noch nicht mal den Mut zu sterben.

12

12.1 Mein Mann hat nie geglaubt, daß ich ihn verlassen würde. Er lacht, wenn ich es ihm sage. Wohin willst du denn gehen? Du wirst mich nicht verlassen. Doch. Doch. Ich werde einen Ort finden. Ich werde einen Weg finden, dich zu verlassen. Sobald ich weiß, daß es mir ernst ist, finde ich innerhalb einer Woche eine Wohnung. Ich sage es ihm. Ich hoffe, sie kostet keine Miete. Nach deinem kleinen Koller kommst du schon wieder, sagt er. Und woher kriegst du Geld? Ich habe den Sommer über eine Arbeit gefunden. Im Herbst werde ich ein Studiendarlehen bekommen und wieder zur Schule gehen. Du glaubst, du hast es dir ausgeknobelt, he? Du kommst schon zurück. Aber warte nicht allzu lange, vielleicht verliere ich die Geduld. Vielleicht will ich dich dann gar nicht mehr. Ich komme nicht zurück. Er lacht. Du kommst schon.

12.2 Ich lese. Eine neue Welt. Lese Bücher von Frauen. Millet, Greer, Morgan, Lessing, Atwood. Welche Entdekkung. Ein Neubeginn. Eine Reise zum Selbst hat endlich begonnen. Erst fünfundzwanzig, noch viel Zeit. Ein Anfang.

12.3 Teilung von Hab und Gut: die Hälfte der Bettwäsche, der Töpfe und Pfannen, des Bestecks und Geschirrs. Meine Bücher. Ein paar Platten und eine Stereoanlage. Er behält den Fernseher und die Waschmaschine, weil er das Kind behält. Kaufe vom ersten Lohn eine Matratze. Bringe alles in ein Einzimmerapartement. Was hast du in deinen Sommerferien gemacht? werde ich im Herbst gefragt. Ich habe meinen Mann und meinen Sohn verlassen. Ach, wie interessant.

12.4 Meine Schwestern begreifen's nicht. Wie kannst du nur einen so netten Mann verlassen? Wie kannst du deinen Sohn verlassen? Du warst schon immer ein Miststück. Kannst nicht lieben. Konntest nie etwas lieben. Du warst schon immer ein Dreck. Den idealen Mann und die beste Ehe, die du je haben wirst. Nein. Die einzige Ehe. Ich hab's einmal versucht, es gefiel mir nicht. Nur ein Dummkopf würde es noch einmal tun. Wie kannst du dieses süße Kind verlassen? Was bist du nur für eine Rabenmutter.

12.5 Ich erzähle den Leuten nicht mehr, daß ich einen Sohn habe. Sie urteilen allzu schnell. Frauen nennen mich Rabenmutter, widernatürlich. Hilfe oder Verständnis bietet niemand auf. Es sei einfach nicht zu fassen. Mein Egoismus. Du mußt verrückt sein. Wieder einmal.

12.6 Kein Verständnis, daß ich mein Bestes tue. Ich weiß, daß ich das Kind nicht fördern kann. Weiß, daß ihn der wachsende Haß in mir zerstören würde. Ich will ihn mit meinem Schmerz nicht zerstören. Und ich weiß, daß ich's täte. Weiß, daß ich weder ihm noch mir aus dem Strudel von Haß und Schmerz heraushelfen kann. Also mache ich einen klaren Schnitt, bevor alles über mir zusammenschlägt. Und deshalb bin ich eine egoistische Rabenmutter. Nicht mutig. Nicht weise. Eine Rabenmutter.

12.7 Kein Verständnis dafür, was es mich gekostet hat, ihn zu retten. Kein Mitleid. Du darfst dein Kind niemals verlassen. Schlimm genug, deinen Mann zu verlassen, doch so was kommt vor. Leute, die es wissen, halten mich für gefährlich, kaltblütig. Wie oft sehe ich, daß sie aus Angst mauern. Du hättest deinen Sohn nicht verlassen dürfen. Rabenmutter.

12.8 Anderthalb Jahre lang, von vier bis fast sechs, sehe ich meinen Sohn überhaupt nicht. Mit noch mehr Schmerz, als ich bereits ertrage, kann ich nicht umgehen. Meine Welt bricht zusammen. Ich weiß nicht, wer er ist. Noch weniger weiß ich, wer ich bin. Es ist besser fernzubleiben als ihm oder mir noch mehr weh zu tun. Er ist ein Schmerz, den ich nicht lindern kann, der mich nie verläßt. Schuldgefühle: Es müßte mir gelingen, ihn zu behalten. Ich müßte gewillt sein, die Schule aufzugeben. Ich müßte gewillt sein, Sozialhilfe zu beantragen. Ich müßte gewillt sein, alles zu tun, um ihn zu behalten. Ich weiß, daß sein Vater die Schule nicht aufgeben oder Sozialhilfe beantragen muß, um ihn zu versorgen. Ich weiß, daß mein Sohn von seinem Vater ernährt und gekleidet wird. Ich weiß, daß er ohne mich besser dran ist. Ich denke, allein fortzugehen ist die einzige Hoffnung.

12.9 Ich entdecke eine alte Kirche. Zufluchtsstätte. Eine Kirche wie die, in die ich als Kind gegangen bin. Ein Ort der Sicherheit. Niemand wird mich hier finden. Niemand wird mir weh tun. Ein Ort für mich allein. Ein stiller Ort zum Verrücktwerden. Ich denke, ich kann ihn mit meinen Träumen füllen, bemerke kaum die fehlenden Wände oder Installationen oder Kälte. Zufluchtsstätte. Um jeden Preis.

12.10 Der Preis ist die Kälte. Armut würde ich überall erleiden. In der Kirche kommt noch die Kälte dazu. Schließlich sorgt Fiberglas für rosa Wände. Ein Uterusbau. Ein hübscher, weicher Ort zum Verrücktwerden. Kalt, aber mein.

12.11 Ich fülle den Raum mit Büchern. Bücher über Religion. Bücher über Frauen. Bücher von Frauen. Bücher über Schriftstellerinnen. Bücher über Träumerinnen. Bücher, die mir das wirkliche Leben bringen. Bücher, die mir das fehlende wirkliche Leben ersetzen. Bücher als Freunde. Bücher als Schiffe, auf denen ich reise. Bücher als Rettungsanker, der mich am Leben erhält. Bücher als Schutz. Ein Leben mit Büchern. Eine bessere Wirklichkeit. Ein Weg zur Wirklichkeit. Bücher statt Leben. Sicherer. Möglich.

12.12 Ein Mann, der mein Freund ist, macht's möglich. Wenn ich im Abwasch ertrinke, rettet er mich. Wenn ich in Verzweiflung versinke, rettet er mich. Wenn ich in Rechnungen und Dreck ersticke, rettet er mich. Nicht seßhaft und doch loyal. Die beste Hilfe. Er bringt mir gekühlten Chablis und lebenden Hummer, weil er weiß, daß ich's brauche. Er bietet mir Trost und Unterstützung. Er verlangt nichts von mir. Fast vertraue ich ihm.

12.13 Ich lerne allein zu leben. Lerne zu leben. Zweimal im Jahr besuche ich eine alte Freundin. Sie lehrt mich das Überleben, Alleinleben, lehrt mich Armut mit Würde zu ertragen. Sie ist fünfzig Jahre älter als ich. Sie versteht.

12.14 Auch von anderen Freundinnen kommt Hilfe. Es ist erstaunlich, daß du überhaupt hier bist, sagen sie. Wir werden tun, was wir können, sagen sie. Früchte im Herbst, Hühner, Lamm, Kleidung, für mich gemacht oder an mich abgetreten. Hilfe. Praktische Hilfe. Anrufe, sobald ich ein Telefon habe: Geht's dir gut? Wie geht's voran?

12.15 Voran? Ich wünschte, es ginge voran. Der Satz hat sich verändert. Früher konnte ich mich nicht erinnern. Jetzt kann ich nicht vergessen.

13

13.1 Überleben. Das ist es, worüber ich etwas wissen will. Wie überlebe ich? Tu so, hat er gesagt. Tu so, als wärst du eine andere. Nicht für ihn, nicht um seiner Annehmlichkeit willen. Aber ich lerne, so zu tun. Ich lerne, auf eine Zukunft hinzuträumen, in der ich sicher bin. Eine selbsterschaffene Zukunft.

13.2 Es ist ein Traum. Es spielt keine Rolle, wenn du von Großem träumst. Vom großen Auto, großen Haus, großen Geld. Es ist ein Traum. Große Träume kosten das gleiche wie kleine Träume. Also kannst du ebensogut von Großem träumen.

13.3 Dies ist mein Traum: allein in einem großen Haus auf dem Land zu leben. Im Frühling die erste Lerche zu hören. Mit meinem Fahrrad in den Sonnenuntergang am Horizont zu radeln. Zu lesen. Zu malen. Zu schreiben. Mein Traum. Allein.

13.4 Mein Traum schließt niemanden sonst ein. Ich habe nicht die Energie, irgendwen mit hineinzubringen. Keine Energie für Beziehungen, nicht mal zu einer Katze oder einem Goldfisch. Ein Traum, allein und aufrecht in der Sonne zu stehen. Das ist genug.

13.5 Ein Geschenk, endlich, vom Leben. Zufluchtsstätte. Zehn Jahre hat es gedauert, bis ich lernte, allein zu leben, zehn Jahre hat mich mein Schmerz verrückt gemacht. Zehn Jahre, die mir wie tausend vorkommen. Zehn Jahre, in denen ich mir Nacht für Nacht geschworen habe, nicht zu sterben, weil mir das Morgen vielleicht etwas Besseres bietet oder zumindest wieder einen Tag zum Schreiben.

13.6 Überleben. Träumen mit einem Kugelschreiber in der Hand. Schreiben. Schreiben. Schreiben. Wer wird mich hören?

Nachtrag

Licht. Ein Riß in der Mauer der Dunkelheit. Ein einzelner Mondstrahl des Verständnisses. Wachsend. Neu. Hell. Mit goldenem Versprechen.

Kein Retter. Keine mütterliche Weisheit. Klauen. Zähne. Entschlossenheit. Kontinuität. Kriech für immer durch den Dreck. Auf den Spiegel zu. Reflektierte Narben. Vervielfacht. Jede Narbe beinhaltet ein Buch. Seitenverkehrt. Lies es im Spiegel. Es ist fertig.

Neubeginn. Immer. Vom verschwiegenen Ort. Seele schwillt: gefunden. Selbst: gefunden. Herz: gefunden. Leben: gefunden. Weisheit: gefunden. Hoffnung, einst verloren: gefunden. Kontinuität: nie verloren.

Ich wandere. Vielleicht. Den Pfad.

Strickleiter. Wörter im Spiegel. Mond. Klettere. Zähl die Sterne. Zähl die Wörter. Sieh die Göttin. In den Augen eines geliebten Menschen.

Frau. Träumt. Der Kopf. Frei. Freiheit. Von innen gewährt. Selbst. Diese Nacht. Nicht mehr dunkel. Botschaften der Sterne. Silber und Gold. Segen. Ich träume. Ich liebe. Ich bin.